La Revolución rusa

Una apasionante guía sobre un acontecimiento fundamental de la historia de Rusia

© Copyright 2024

Todos los derechos reservados. Ninguna parte de este libro puede ser reproducida de ninguna forma sin el permiso escrito del autor. Los revisores pueden citar breves pasajes en las reseñas.

Descargo de responsabilidad: Ninguna parte de esta publicación puede ser reproducida o transmitida de ninguna forma o por ningún medio, mecánico o electrónico, incluyendo fotocopias o grabaciones, o por ningún sistema de almacenamiento y recuperación de información, o transmitida por correo electrónico sin permiso escrito del editor.

Si bien se ha hecho todo lo posible por verificar la información proporcionada en esta publicación, ni el autor ni el editor asumen responsabilidad alguna por los errores, omisiones o interpretaciones contrarias al tema aquí tratado.

Este libro es solo para fines de entretenimiento. Las opiniones expresadas son únicamente las del autor y no deben tomarse como instrucciones u órdenes de expertos. El lector es responsable de sus propias acciones.

La adhesión a todas las leyes y regulaciones aplicables, incluyendo las leyes internacionales, federales, estatales y locales que rigen la concesión de licencias profesionales, las prácticas comerciales, la publicidad y todos los demás aspectos de la realización de negocios en los EE. UU., Canadá, Reino Unido o cualquier otra jurisdicción es responsabilidad exclusiva del comprador o del lector.

Ni el autor ni el editor asumen responsabilidad alguna en nombre del comprador o lector de estos materiales. Cualquier desaire percibido de cualquier individuo u organización es puramente involuntario.

Índice

INTRODUCCIÓN..1
CAPÍTULO 1: SEMILLAS DE LA REVOLUCIÓN: RUSIA ANTES DE
LA TORMENTA 4
CAPÍTULO 2: EL ÚLTIMO ZAR: NICOLÁS II 14
CAPÍTULO 3: LA REVOLUCIÓN DE FEBRERO DE 1917 27
CAPÍTULO 4: DOBLE PODER: LOS PROVISIONALES Y EL SOVIET
DE PETROGRADO 33
CAPÍTULO 5: LA REVOLUCIÓN DE OCTUBRE DE 1917 38
CAPÍTULO 6: EL TERROR ROJO 48
CAPÍTULO 7: LA GUERRA CIVIL Y LA LUCHA POR EL CONTROL..........60
CAPÍTULO 8: UNA «NUEVA POLÍTICA ECONÓMICA» - RUSIA
DESPUÉS DE LA REVOLUCIÓN 76
CAPÍTULO 9: EL ESTALINISMO: EL VERDADERO LEGADO DE LA
REVOLUCIÓN RUSA 81
CAPÍTULO 10: FIGURAS CLAVE DE LA REVOLUCIÓN RUSA 96
CONCLUSIÓN...104
VEA MÁS LIBROS ESCRITOS POR ENTHRALLING HISTORY................106
BIBLIOGRAFÍA...107

Introducción

En medio del caos de la Gran Guerra y con el telón de fondo de décadas de acciones antizaristas en Rusia, la historia dio origen a uno de los empeños más ambiciosos y a la vez trágicos de la historia de la humanidad: la Revolución rusa. Por fin, las ideas revolucionarias de Marx se pusieron en práctica. El gran caos, el derramamiento de sangre y la abolición total de la ley y el orden, precursores de la utopía comunista según Marx, barrieron Rusia como los «cuatro jinetes del Apocalipsis».

Pero la ideología comunista fue solo uno de los factores que propiciaron este gran acontecimiento. El hombre que se convertiría en el líder de la Revolución de Octubre, Vladimir Ilich Uliánov, apodado Lenin, ni siquiera estaba en el país cuando todo empezó. Estaba lejos, en Suiza, probablemente profundamente conmocionado por todos los fracasos anteriores a la hora de instigar la revolución. Asombrado por la gran agitación que finalmente se apoderó de Rusia, se apresuró a regresar en un legendario tren «sellado» a San Petersburgo, o como lo llaman los rusos, Petrogrado.

Rusia se consideraba un Estado improbable para ser la cuna de la primera revolución comunista de éxito. Se creía que las ideas de Marx debían materializarse primero en los países más desarrollados de Europa Occidental, del mismo modo que sus defensores consideraban que el comunismo era la ideología más progresista de todas. El propio Karl Marx sentía un peculiar desdén por los pueblos eslavos, y Rusia era un país con un pie en la Edad Media. Tenía una población campesina muy numerosa y un pequeño número de trabajadores de la industria, estos últimos designados por el gran profeta comunista como los portadores de la revolución. Los campesinos eran solo un obstáculo.

Aunque esta pequeña contradicción no fue suficiente para detener la Revolución rusa, preparó el escenario para la sumisión excesivamente violenta y sangrienta de Rusia al comunismo.

En este libro, nos enfrentaremos a la gran cantidad de precursores de la Revolución rusa, como los movimientos anarquistas de la Rusia del siglo XIX, la guerra ruso-japonesa, la Gran Guerra y, por último, la anacrónica monarquía rusa. También arrojaremos luz sobre los personajes menos conocidos de la gran saga revolucionaria: gente como Bakunin, el principal filósofo del movimiento anarquista, Serguéi Necháyev, un prototípico anarquista ruso perfectamente captado por la mirada de Fiódor Dostoievski, Piotr Tkachov, el padre ideológico del grupo terrorista que asesinó al zar Alejandro II, y muchos otros. Pero también conoceremos a los sospechosos habituales, como Lenin y Stalin, con el objetivo de mostrarlos tal y como fueron.

Al igual que la Revolución francesa, la(s) Revolución(es) rusa(s) sacudieron el mundo. De repente, este peculiar Goliat surgió de las cenizas de un imperio medieval. Y aunque en el pueblo de la URSS se experimentó continuamente el lado oscuro del comunismo, la URSS sirvió de ejemplo de lo que pueden hacer los trabajadores. Impulsados por la energía de la «revolución permanente» de Trotsky, los pueblos de todo el mundo esperaban que un día la revolución llegara también a sus países. Irónicamente, mientras la población de la URSS sufría bajo el peso del nuevo gobierno, a menudo caprichoso y casi siempre cruel, los trabajadores del mundo occidental vieron mejoras significativas porque los principales interesados tenían cada vez más miedo de que se produjera una revolución comunista en sus propios países. Al menos brevemente, circuló por el mundo una visión idealizada de la URSS y del comunismo. Bajo la superficie de este ideal se escondía la oscura realidad: millones de muertos, campos destruidos, purgas interminables, luchas políticas, hambrunas, enfermedades, por nombrar solo algunos ejemplos. En este libro abordaremos las dos caras de la historia: los ideales (llevados inicialmente por una juventud fervientemente devota), el caos de la revolución y la posterior perversión de los ideales comunistas en su versión opuesta.

Se dijo una vez que la disolución de la URSS en 1989 fue la «mayor tragedia geopolítica del siglo XX». Si es así, la Revolución rusa constituye una de las mayores tragedias de la historia de la humanidad. Pero existe la otra cara: entusiasta hasta el éxtasis, excesivamente ambiciosa, orgullosa, enérgica y digna de eterno recuerdo. Estos dos aspectos encontraron formas de fusionarse de maneras cada vez más complejas, no solo en grandes acontecimientos como las Revoluciones de Febrero o de Octubre, sino a un nivel mucho más particular. Lenin y Kérenski, dos líderes revolucionarios que pronto se encontraron en bandos opuestos, se sentaban en la misma clase cuando eran niños. La gente dice que todo se desmadró desde el momento en que Lenin asumió el poder y Kérenski perdió el mando. Pero Lenin tenía su lado bueno y su lado malo. También Trotsky, Stalin y muchos otros. Como verá en este libro, la particularidad de la casi insondable fusión de lo bueno y lo malo va aún más allá. No hay mejor escenario para ello que la Revolución rusa, que sacó lo mejor y lo peor de la gente.

Y luego está la repetición de la historia, la ironía histórica y la rima. Los líderes políticos más importantes de la Revolución francesa, como si de una regla se tratara, encontraron todos sus momentos finales en la guillotina. La Revolución rusa no tardó en devorar a sus propios hijos. Uno a uno, cayeron víctimas de la lucha interna por el poder, principalmente bajo Stalin, frío como el acero. El propio hombre vivió una vida miserable, su familia diezmada por la sonrisa diabólica del Terror Rojo. Las semillas de este mal se sembraron mucho antes, junto con las semillas del bien. Profundicemos y descubramos las primeras raíces de la Revolución rusa, preparando el escenario para el gran acontecimiento.

Capítulo 1: Semillas de la Revolución: Rusia antes de la tormenta

El Imperio ruso

Los revolucionarios tenían que luchar contra algo, y esto era, por supuesto, el Imperio ruso. No podemos entender la revolución en Rusia sin comprender los problemas inherentes a prácticamente todos los imperios, el Imperio ruso incluido. Los primeros días de la monarquía rusa están impregnados de mitos legendarios, con posibles conexiones entre las primeras dinastías rusas y los invasores vikingos nórdicos que respondían al nombre de «Rus»[1]. Aunque las raíces nórdicas de la Rusia primitiva son apenas perceptibles, el nombre se mantuvo. Una cosa es cierta: desde el principio (es decir, a finales del periodo migratorio, hacia el siglo VII de nuestra era), la población era predominantemente eslava y habitaba, a grandes rasgos, la zona de la actual Rusia europea.

La primera dinastía rusa, los Rurikid, lleva el nombre del legendario rey nórdico Rurik, a quien se atribuye la formación del primer Estado de la Rusia europea. Es posible que, al principio, las tribus eslavas y otras de la zona estuvieran gobernadas por la élite nórdica, menos numerosa, pero más poderosa. Pero con el tiempo, las élites eslavas se hicieron con

---

[1] PERRIE, Maureen; LIEVEN, Dominic CB; SUNY, Ronald Grigor (ed.). The Cambridge History of Russia: Volume 1, From Early Rus' to 1689. Cambridge University Press, 2006.

el poder, lo que podemos deducir de los nombres de los primeros gobernantes (aún legendarios): Rurik, Oleg, Askold, Dir, Oleg de nuevo, Igor, Olga y Sviatoslav. A partir de Sviatoslav, solo encontramos nombres eslavos. Esto puede interpretarse como una prueba de que los Rurikid (o Rúrikovich, como dirían los rusos) recibieron la influencia de los pueblos eslavos que los rodeaban, aprendiendo poco a poco sus costumbres, tradición y religión.

La religión, como veremos, también fue decisiva en la caída del Imperio ruso. Lo más probable es que los primeros Rurikid fueran paganos (de qué tipo, es difícil decirlo). Es probable que, después de algún tiempo, aceptaran el sistema de creencias de los eslavos orientales. Sviatoslav, que vivió en la entonces capital, Kiev, en el siglo X e. c., era pagano, al igual que sus subordinados. A su sucesor, Vladimir el Grande, se le atribuye la cristianización de la Rus de Kiev[2]. Las historias en torno a este acontecimiento son tan entretenidas que conviene mencionarlas brevemente.

Desde el principio, Vladimir favoreció la cultura griega. No es casualidad que poco después de tomar la decisión de aceptar la fe griega (hacia 987 o 988 e. c.), Vladimir se casara con la hija del emperador bizantino Romanos II, Ana[3]. Sin embargo, la decisión de convertirse no se tomó al azar. Vladimir consultó a sus boyardos (señores feudales) sobre qué hacer, y estos le aconsejaron que primero se informara sobre las costumbres y tradiciones de cada religión. Así pues, se enviaron emisarios que, de vuelta a su gobernante, hablaron del ilustre servicio a Dios que habían presenciado en Tsarigrad (Constantinopla). El islam, tal como lo practicaban los búlgaros, y la versión germánica del cristianismo no eran tan asombrosos y encantadores como el cristianismo griego. Incluso antes de esto, Vladimir comprendió que el islam no prosperaría entre los rusos: «Pero la circuncisión y la abstinencia de cerdo y vino le eran desagradables. "Beber —decía— es la alegría de los rusos. No podemos existir sin ese placer"»[4].

---

[2] KORPELA, Jukka. *Prince, Saint, and Apostle: Prince Vladimir Svjatoslavič of Kiev, His Posthumous Life, and the Religious Legitimization of the Russian Great Power*. Otto Harrassowitz Verlag, 2001.

[3] NESTOR, *Laurentian Text*. p. 112 Disponible en: https://www.mgh-bibliothek.de/dokumente/a/a011458.pdf

[4] Ibíd. Pág. 97

La extensión de la Rus de Kiev en el siglo XI
Por Vitaliyf261 - Obra propia. Comparar: Plokhy, Serhii (2006) Los orígenes de las naciones eslavas: Identidades premodernas en Rusia, Ucrania y Bielorrusia, Categoría: Nueva York: Cambridge University Press, p. xiv ISBN: 978-0-521-86403-9., CC BY-SA 4.0,
https://commons.wikimedia.org/w/index.php?curid=93773078

Resulta increíblemente divertido descubrir una cita así de los primeros tiempos del Estado ruso, y aún más divertido ver cómo el placer del alcohol pudo influir en una decisión tan importante como la adopción de tal o cual religión. Como pronto veremos, el alcohol desempeñó un papel importante en la historia rusa, revoluciones incluidas.

Sin prisa pero sin pausa, Rusia se convirtió en un imperio increíblemente vasto y poderoso. A mediados del siglo XVI, Rusia estaba gobernada por el poderoso y despiadado zar (emperador) Iván el Terrible[5]. Tras la muerte de Iván el Terrible, Rusia vivió un periodo muy turbulento, con numerosas idas y venidas de zares (a menudo asesinados). Aun así, la gran expansión de Rusia hacia el este avanzó con paso firme. Con el ascenso de los Romanov y Pedro el Grande, la

---

[5] DE MADARIAGA, Isabel. *Ivan the Terrible.* Yale University Press, 2006.

vitalidad de Rusia creció aún más, personificada en la declaración del Imperio ruso en 1721 y la coronación de Pedro el Grande[6]. Desde Iván el Terrible, los gobernantes rusos se llamaban a sí mismos «zares», que significa «emperador». Rusia fue de facto un imperio durante bastante tiempo antes de Pedro el Grande, pero este cambió a Rusia para mejor en numerosos aspectos, realizando importantes expansiones territoriales y fomentando los vínculos culturales entre Rusia y Europa, de ahí la importancia de la declaración de 1721.

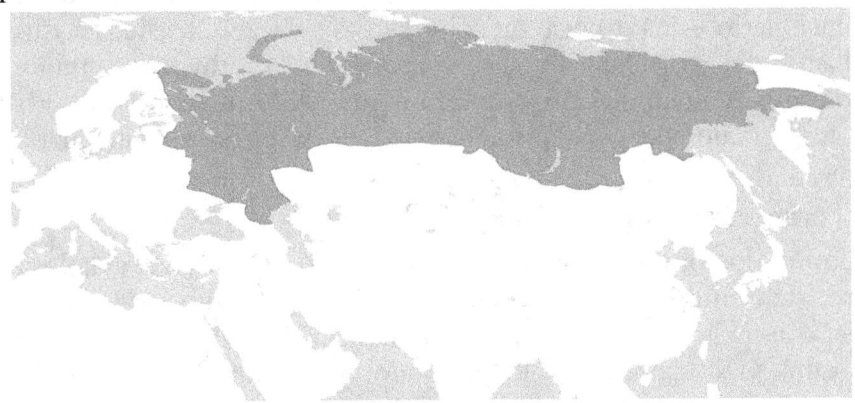

El Imperio ruso a principios del siglo XVIII
Por Gabagool - Obra propia, CC BY 3.0,
https://commons.wikimedia.org/w/index.php?curid=6617882

Los Romanov continuaron gobernando durante los doscientos años siguientes, con importantes contribuciones de poderosos personajes como Catalina la Grande[7]. Sin embargo, a medida que avanzaba el siglo XIX, el carácter anacrónico del Imperio ruso se hacía cada vez más evidente.

Las revoluciones llevaban tiempo sacudiendo Europa y América. Oliver Cromwell abolió la monarquía e hizo ejecutar al rey Carlos I en 1649, estableciendo un nuevo sistema republicano denominado *Commonwealth of England* o Mancomunidad de Inglaterra[8]. En 1776 se firmó la Declaración de Independencia de Estados Unidos, que dio paso a la era republicana. Los franceses tuvieron su propia revolución en

---

[6] ANISIMOV, Evgeniĭ Viktorovich. *The reforms of Peter the Great: progress through coercion in Russia.* ME Sharpe, 1993.

[7] DE MADARIAGA, Isabel. *Catherine the Great.* Macmillan Education UK, 1990.

[8] Inglaterra tuvo instituciones parlamentarias durante bastante tiempo antes de la revolución de Cromwell y pronto experimentó una restauración de la simpatía monárquica.

1789, que, junto con la estadounidense, sacudió al mundo entero[9]. Las monarquías europeas estaban perdiendo su poder, y nunca fue tan evidente como en 1848: una llama revolucionaria recorrió Europa, solo para ser extinguida de nuevo, esta vez en parte por el Imperio ruso. Consideraba que las revoluciones de 1848 eran una amenaza directa para su integridad, por lo que se apresuró a ayudar a sus monarquías hermanas en Europa.

Desgraciadamente para la monarquía rusa, el sentimiento revolucionario —una especie de celo religioso— acabó llegando a Rusia a mediados del siglo XIX. Y una vez que llegó a Rusia, no pudo ser erradicado. A continuación echaremos un vistazo a las personalidades más importantes de estos primeros días de la lucha revolucionaria en Rusia.

El primer idealismo revolucionario

Uno de los primeros intentos revolucionarios estuvo vinculado a los llamados decembristas, un grupo de oficiales del ejército, principalmente rusos, con inclinación por el pensamiento revolucionario[10]. A principios del siglo XIX gobernaba el emperador Alejandro I. Aunque inició algunas reformas importantes en el Imperio ruso, la mayoría de la población seguía siendo campesina que vivía en una perpetua servidumbre. Había que hacer más, y un grupo de oficiales de ideas amplias (o, mejor dicho, varios grupos vagamente relacionados entre sí) empezaron a reunirse bajo el mando de personas como Pável Pestel y Nikita Muravyov[11].

Los decembristas se inspiraron en las revoluciones estadounidense y francesa, con el objetivo de abolir por completo la servidumbre y quizá también la monarquía. Los decembristas pensaron que tenían la oportunidad perfecta para una revolución cuando murió el emperador Alejandro I en 1825. Aprovecharon la confusión posterior a Alejandro I sobre quién heredaría el trono para intentar un golpe de estado, que fue rápidamente aplastado; todos los responsables fueron castigados.

Los decembristas no consiguieron mejorar la situación y es posible que aumentaran la paranoia de la monarquía. El Círculo Petrashevsky,

---

[9] Al igual que la revolución de Cromwell, la Revolución francesa fue seguida muy pronto por un renacimiento de la simpatía monárquica.

[10] KIIANSKAIA, O. I. Decembrists in Russian History and Historiography: Polemical Notes. *Rossiia i sovremennyi mir*, 2017, 2: 95.

[11] O'MEARA, Patrick. *The Decembrist Pavel Pestel: Russia's First Republican*. Springer, 2016.

activo sobre todo en la década de 1840 y que reunía a intelectuales como Fiódor Dostoievski, fue estrechamente vigilado por el gobierno. Finalmente, varios de sus miembros fueron encarcelados. El Círculo Petrashevsky no era revolucionario en el sentido más estricto de la palabra. Aun así, sus miembros leían libros y discutían ideas prohibidas por el emperador Nicolás I.

Un miembro del Círculo Petrashevsky, un tal Nikolái Speshnev, adoptó una visión mucho más nihilista y despiadada de la revolución[12]. Sin embargo, Speshnev, como el Nikolái Stavrogin *de Los demonios* de Dostoievski, nunca incitó a una acción revolucionaria seria.

Pero apareció un nuevo tipo de hombre, aparentemente sin consideración por la distinción entre el bien y el mal, con un único objetivo: la abolición total de la monarquía y la revolución total. Uno de esos hombres era Serguéi Nechayev (o Necháyev), el escritor del ahora famoso *Catecismo de un revolucionario*[13]. («Catecismo» se refiere a la enseñanza religiosa cristiana, parte ineludible de la educación en la Rusia del siglo XIX). Según Serguéi Nechayev, un verdadero revolucionario debe ser como un fanático religioso, siguiendo ciegamente los «mandamientos» que él estableció. He aquí un breve extracto de su *Catecismo*:

> «El revolucionario es un hombre condenado. No tiene intereses personales, ni negocios, ni emociones, ni apegos, ni propiedades, ni nombre. Todo en él está absorbido por el pensamiento único y la pasión única de la revolución. (...) El revolucionario sabe que en lo más profundo de su ser, no solo con palabras, sino también con hechos, ha roto todos los lazos que lo atan al orden social y al mundo civilizado con todas sus leyes, moralidades y costumbres, y con todas sus convenciones generalmente aceptadas. Es su enemigo implacable, y si sigue viviendo con él es solo para destruirlo más rápidamente».

---

[12] TROYAN, N. The Philosophical Opinions of the Petrashevsky Circle. *Philosophy and Phenomenological Research*, 1946, 6.3: 363-380.

[13] Disponible en: https://theanarchistlibrary.org/library/sergey-nechayev-the-revolutionary-catechism

Serguéi Nechayev
Desconocido, pero cabe suponer que murió en 1940 (es decir, hace 70 años). - http://on-island.net/History/Necháyev/SNecháyev/, Dominio público, https://commons.wikimedia.org/w/index.php?curid=8462592

En cierto modo, el *Catecismo de un revolucionario* parece más las divagaciones de un joven desilusionado y nihilista que los escritos de un revolucionario serio. Incluso el principal ideólogo del anarquismo, Mijaíl Bakunin, acabó distanciándose del evidentemente trastornado y febrilmente devoto Nechayev[14]. La vida de Serguéi Necháyev fue turbulenta, llena de traiciones y actos poco loables que concordaban con su principio fundamental: el fin justifica los medios. Como muchos revolucionarios después de él (Lenin el más importante), Nechayev nació en buenas condiciones en comparación con cómo vivían la mayoría de los rusos en 1847. Como mínimo, su familia le procuró una buena educación básica. Muy pronto, Nechayev fue profesor particular, se trasladó a Moscú y luego a San Petersburgo.

---

[14] BAKUNIN, Mikhail Aleksandrovich. *God and the State*. Courier Corporation, 1970.

Fue en la Universidad de San Petersburgo donde Nechayev conoció a jóvenes de ideas afines. En 1868, ya estaba profundamente involucrado en conspiraciones secretas contra el gobierno[15]. A principios de 1869, huyó al extranjero, posiblemente con la intención de conseguir apoyo para su causa y pasar desapercibido para las autoridades rusas, que tal vez se habían fijado en el revoltoso joven revolucionario. Allí conoció a Mijaíl Bakunin, que al principio quedó asombrado por la energía y el entusiasmo de Necháyev por la causa revolucionaria. Ambos intercambiaron ideas y probablemente Nechayev obtuvo algunos fondos para fomentar la revolución en Rusia.

Ese mismo año regresó a Rusia y siguió conspirando contra el gobierno. Su grupo crecía constantemente. Cada vez más desilusionado con todo el proyecto, un miembro llamado Ilya Ivanov decidió abandonar el grupo, y fue entonces cuando Nechayev tuvo la oportunidad de poner a prueba su lema de que el fin justifica los medios. Ivanov era una amenaza para la revolución y, a finales de 1869, el grupo de Nechayev mató a Ivanov y escondió su cuerpo bajo una gruesa capa de hielo cerca de Moscú. Cuando las autoridades descubrieron el cadáver, el cerco en torno a Nechayev se estrechó cada vez más. Abandonó Rusia una vez más y huyó a Suiza y a Bakunin. Durante este breve periodo, escribió *Los fundamentos del sistema social futuro*, sistema que asombró a todo el mundo por su crudeza y autoritarismo, gobernado por el todopoderoso comité. Este «sistema futuro» fue ridiculizado por Marx y Engels como «comunismo de cuartel». Poco sabía todo el mundo que, en menos de cincuenta años, Lenin implantaría el mismo tipo de «comunismo de cuartel» previsto por Nechayev.

Cada vez más paranoico y empleando sus principios sistemáticamente, Nechayev empezó a recelar de Bakunin y su entorno, tanto que empezó a reunir pruebas contra Bakunin para utilizarlas en caso de necesidad. Pronto se descubrió, y después de 1870, Nechayev quedó cada vez más aislado en el universo revolucionario. No solo Bakunin, sino todos los miembros de la Primera Internacional se distanciaron del febril revolucionario. Finalmente, Nechayev fue detenido en 1872 en Suiza y extraditado a Rusia, donde murió en prisión en 1882.

---

[15] KARAKASIS, Georgios, et al. The Catechism of Destruction: Sergei Nechaev and the spirit of Nihilism.

Mientras Nechayev cumplía su condena, se estaba formando una organización, Voluntad del Pueblo (o Libertad del Pueblo). Nechayev, al estar en prisión, se perdió algunas de las acciones más drásticas de Voluntad del Pueblo[16]. Los miembros de Voluntad del Pueblo, denominados con razón terroristas, intentaron asesinar a miembros del gobierno en muchas ocasiones, normalmente empleando potentes bombas. En 1881, Alejandro II fue asesinado por Ignaci Hryniewiecki, miembro de Voluntad del Pueblo. Cuando Alejandro II salía de su residencia en su carruaje, dirigiéndose a supervisar una ceremonia militar, Nicholas Rysakov, otro joven revolucionario, arrojó una bomba bajo el carruaje del emperador. El emperador salió relativamente ileso, ya que su robusto carruaje resistió la explosión.

Sin embargo, cuando el emperador salía de su carruaje e intentaba ayudar a los heridos por la explosión, Ignaci Hryniewiecki salió de entre la multitud y lanzó otra bomba. Esta vez, no hubo nada que protegiera a Alejandro II, y el emperador no tardó en morir, con el estómago y las piernas destrozados.

Asesinato de Alejandro II
https://commons.wikimedia.org/w/index.php?curid=3743278

Muchos otros funcionarios importantes también fueron asesinados. La radicalización buscada por Nechayev se estaba produciendo, pero no

---

[16] Nicholas, I. (2014). ALEXANDER II OF RUSSIA (1818-1881). *Famous Assassinations in World History: An Encyclopedia [2 volumes]*, 12.

había logros políticos concretos. Por el momento, la monarquía rusa seguía firmemente en su sitio. Peor aún, el movimiento reformista impulsado por Alejandro II, que en 1861 abolió la servidumbre en Rusia, acabando así, al menos simbólicamente, con el sistema feudal, fue esencialmente detenido y personas menos reformistas sustituyeron en el cargo a Alejandro II. Irónicamente, un hombre que abolió la servidumbre y planeó nuevas reformas fue asesinado por revolucionarios entusiastas, impacientes y jóvenes que exigían cambios instantáneos. Es probable que el día de su asesinato, Alejandro II hubiera aprobado el plan de reforma de Loris-Melikov, que habría introducido una cámara de los comunes en los órganos legislativos. Tras su asesinato, llegó al poder Alejandro III, un líder mucho más autocrático.

Pronto quedó claro que había que hacer algo más y que los asesinatos no servirían para desmantelar todo el sistema. Células terroristas-nihilistas siguieron planeando nuevas acciones. Una de esas células estaba dirigida por un tal Aleksandr Uliánov[17]. Uliánov procedía de una pequeña ciudad del río Volga llamada Simbirsk, a unos 700 kilómetros al este de Moscú. Pertenecía a una familia acomodada, ya que tanto su madre como su padre eran profesores altamente cualificados. Aleksandr destacaba académicamente y, en 1886 (a los veinte años), ya había conocido a muchos estudiantes de la Universidad de San Petersburgo que compartían sus ideas extremistas.

Aleksandr y su grupo fabricaron algunas bombas y planearon asesinar al emperador Alejandro III, pero fueron descubiertos por la policía secreta. Los líderes del complot, Aleksandr incluido, fueron ahorcados en 1887. El suceso, aunque aparentemente insignificante en aquel momento, conmocionó enormemente a un hombre llamado Vladimir Uliánov, que pronto se convertiría en el famoso Lenin. Vladimir Uliánov era el hermano menor de Aleksandr, y el ahorcamiento de Aleksandr sirvió quizás como el motivo final que convirtió a un joven revolucionario en un revolucionario profesional. Pero antes de describir a Lenin más de cerca, volvamos al hombre que más despreciaba: el zar Nicolás II Romanov.

---

[17] POMPER, Philip. *Lenin's brother: the origins of the October Revolution.* WW Norton & Company, 2010.

Capítulo 2: El último zar: Nicolás II

Nicolás II Romanov, nacido en 1868, tuvo la mala suerte de presenciar unos tiempos sumamente turbulentos[18]. Si hubiera gobernado 100 años antes, habría sido simplemente el típico zar ruso: profundamente religioso, tradicional y un poco autocrático. Por desgracia, se lo conoce como el zar que puso a Rusia de rodillas y no pudo hacer otra cosa que ver cómo su país se desmoronaba.

El joven Nicolás II Romanov, entonces zarevich, heredero al trono (década de 1880)
https://commons.wikimedia.org/w/index.php?curid=16027267

---

[18] FERRO, Marc. *Nicholas II: Last of the Tsars.* Oxford University Press on Demand, 1995.

La muerte de su abuelo y el posterior resurgimiento del autoritarismo por parte de su padre, Alejandro III, influyeron profundamente en Nicolás II Romanov. (Probablemente fue testigo de las consecuencias inmediatas del asesinato de Alejandro II). Así, en cierto modo, el plan de los anarquistas había funcionado: radicalizaron a la dinastía gobernante, haciendo la vida más difícil a todos en Rusia, lo que a su vez precipitó una revolución ampliamente extendida. Los dos últimos zares, Alejandro III y Nicolás II, carecieron del celo reformista de Alejandro II y llevaron a Rusia al borde de una guerra civil. Incluso en el siglo XIX, el Imperio ruso era una reliquia del pasado. A diferencia de potencias europeas como el Reino Unido, Francia y Alemania, la economía rusa dependía sobre todo de una agricultura rudimentaria. Además, el poder y la influencia social de las élites, despreciadas por los revolucionarios, eran significativos incluso después de la abolición de la servidumbre. Hasta 1861, la mayoría de los campesinos de Rusia eran propiedad de terratenientes feudales, miembros de la nobleza.

La reforma emancipadora de 1861 mejoró ligeramente esta deplorable situación. Sin embargo, las desigualdades básicas se mantuvieron. Las élites mantenían su estatus social y sus fastuosos estilos de vida, y los campesinos se veían obligados a pedir préstamos al Estado para comprar tierras a los antiguos señores feudales, los cuales difícilmente podían devolver. Además, la reforma tardó en implantarse en las vastas tierras rusas y tropezó con numerosas dificultades. No es de extrañar, pues, la creciente frustración de la opinión pública con Alejandro II y, en general, con todo el sistema.

Pero antes de la tormenta llegó la calma. Aparte de presenciar la cruel muerte de Alejandro II, Nicolás II debió de tener una infancia idílica. Su matrimonio también empezó de forma idílica. Nicolás II conoció a su futura esposa, la entonces princesa Alix, en 1884, cuando él tenía dieciséis años y ella solo doce[19]. La pareja se reencontró en 1889 y finalmente se comprometieron en 1894. En algún momento entre estos dos acontecimientos, Nicolás II viajó por todo el mundo —de Egipto a Singapur y más allá—, se tatuó un dragón en el brazo y estuvo a punto de morir en Japón cuando un policía intentó matarle con una espada[20].

---

[19] KING, Greg. *The Last Empress: The Life and Times of Alexandra Feodorovna, Tsarina of Russia*. Birch Lane Press, 1994.

[20] KOWNER, Rotem. Nicholas II and the Japanese body: Images and decision-making on the eve of the Russo-Japanese War. *The Psychohistory Review*, 1998, 26.3: 211.

Como nota al margen, Nicolás II quedó profundamente conmocionado por este suceso, y a partir de entonces no sintió precisamente afecto por los japoneses. Por ejemplo, era propenso a menospreciar sus habilidades debido a su baja estatura, y estos prejuicios probablemente afectaron a su toma de decisiones durante la guerra ruso-japonesa.

Nicolás en Nagasaki, 1891
https://commons.wikimedia.org/w/index.php?curid=1368762

Lo más importante es que Nicolás II no estaba familiarizado con los detalles de dirigir un Estado tan grande como Rusia. Su padre aún era joven, y se esperaba que Nicolás II se convirtiera en zar mucho más tarde..

Sin embargo, el padre de Nicolás murió en 1894, lo que significó que el joven (veintiséis años) e inexperto Nicolás II tendría que subir al trono[21]. Las cosas no empezaron bien, y cada año parecía traer algo aún peor. En 1896 se celebró la ceremonia oficial de coronación. Miles de personas acudieron a Moscú para ver a su querido emperador y a su bella emperatriz. En lugar de una hermosa ceremonia, gran cantidad de personas presenciaron algo mucho peor: su propia muerte. Hoy, el suceso se conoce como la «tragedia de Jodynka»[22, 23]. El zar prometió

---

[21] LOWE, Charles. *Alexander III of Russia*. London: W. Heinemann, 1895.

[22] Aunque debía de existir un odio considerable hacia la monarquía (Nikolas II en particular), mucha gente admiraba al zar. Más aún, lo respetaban por su amor a la tradición y su tranquila

comida, bebida y regalos gratis a todos los que acudieran a la ceremonia de coronación. Miles de personas llegaron temprano, esperando hacerse con los mejores sitios. Los espacios reducidos, las grandes multitudes, el calor y los rumores de lujosos regalos excitaron tanto a la multitud que no fue posible controlarla. El resultado fue que miles de personas murieron pisoteadas. Este fue un presagio increíblemente oscuro de lo que estaba por venir.

Foto de compromiso de Nicolás II y su esposa Alexandra (princesa Alix de Hesse y del Rin, más tarde emperatriz Alexandra Fiódorovna)
https://commons.wikimedia.org/w/index.php?curid=5325289

De nada sirvió que la familia real pareciera ignorar la gravedad de la situación y continuara con la ceremonia como si nada hubiera pasado. El zar asistió al baile programado para esa noche, lo que avivó aún más los rumores sobre su insensibilidad y maldad. Probablemente, el zar estaba abrumado por las muchas ceremonias a las que debía asistir y no

---

vida familiar.
[23] KING, Greg; ASHTON, Janet. 'A Programme for the Reign': Press, Propaganda and Public Opinion at Russia's Last Coronation. *Electronic British Library Journal*, 2012, 1-27.

sabía cómo responder a un acontecimiento tan inesperado y trágico como una estampida mortal.

La tragedia de Jodynka
https://commons.wikimedia.org/w/index.php?curid=3739810

En los primeros años del siglo XX, Rusia intentó introducir una serie de reformas agrarias para aliviar la situación de los campesinos. Recordemos que la abolición de la servidumbre concedida a los campesinos por el emperador Alejandro II no resolvió exactamente todos sus problemas. La mayoría de los campesinos estaban atrapados en un círculo vicioso de deudas, obligados a pedir préstamos al Estado para comprar sus tierras a los antiguos señores feudales. Por eso, en 1906, empezaron a llevarse a cabo una serie de reformas, agrupadas bajo el nombre del primer primer ministro del Imperio ruso, Piotr Stolypin[24].

Los campesinos, acostumbrados a la vida en comuna y enfrentados a numerosas dificultades financieras, eran en su mayoría propietarios colectivos de la tierra. Por esta razón, desarrollaron un sentimiento de unión y eran más propensos a rebelarse, como demostró la Revolución de 1905. Por ello, Stolypin quiso fomentar la propiedad individual de la tierra, con la esperanza de crear una sólida clase campesina acomodada, que sería el principal baluarte del zar en las aldeas. Las reformas de

---

[24] KOTSONIS, Yanni. The Problem of the Individual in the Stolypin Reforms. *Kritika: Explorations in Russian and Eurasian History*, 2011, 12.1: 25-52.

Stolypin también facilitaron la colonización, o la «rusificación» del Asia rusa. En este sentido, las reformas de Stolypin tuvieron más éxito, ya que animaron a millones de rusos a trasladarse al este.

En el frente internacional, las cosas estaban algo más calmadas. Rusia mantuvo el statu quo con la mayoría de sus antiguos adversarios, como Turquía, Austria-Hungría y Alemania, y estaba en bastante buenas relaciones con Francia y el Reino Unido. Sin embargo, en 1904, la animosidad con Japón alcanzó su punto álgido y comenzó la guerra[25].

Japón puede parecer un adversario improbable, pero a principios del siglo XX, Rusia tenía una agenda de expansión hacia el este bastante agresiva, tratando de extender su influencia hasta Manchuria y Corea (aprovechándose de un Imperio chino muy débil), que Japón consideraba sus zonas de influencia. Además, en 1904, la flota rusa estaba peligrosamente cerca de Japón, estacionada en Port Arthur, en Manchuria. El ataque japonés fue repentino y preventivo, y asestó fácilmente un golpe demoledor a una parte importante de la flota naval rusa.

Cartel de propaganda japonesa antirrusa
https://commons.wikimedia.org/w/index.php?curid=44798948

---

[25] WILSON, Sandra. *The Russo-Japanese War and Japan: Politics, Nationalism and Historical Memory*. Palgrave Macmillan UK, 1999.

Representación artística de la batalla de Liaoyang
https://commons.wikimedia.org/w/index.php?curid=41019495

La guerra ruso-japonesa de 1904 duró aproximadamente un año y se cobró decenas de miles de vidas. Otra consecuencia fue la bajada de la moral[26]. En Rusia, la derrota se vivió como una vergüenza. Por supuesto, la responsabilidad se atribuyó al emperador, que había creído que la guerra acabaría a favor de Rusia, sobrestimando peligrosamente la preparación de las tropas rusas. Además de la vergonzosa derrota ante Japón en 1905, también se produjo el incidente del Domingo Sangriento, cuando posiblemente más de 100 manifestantes pacíficos fueron asesinados en las calles de San Petersburgo[27]. Habían llegado para entregar una petición al zar, relacionada principalmente con las condiciones de trabajo y los salarios. Llevaban iconos religiosos y retratos del zar, y querían hablar directamente con él de sus quejas. Fueron recibidos a tiros. Pero Nicolás II no estaba en San Petersburgo; sus asesores lo habían convencido de que no debía arriesgarse a enfrentarse a una multitud tan numerosa con asesinos al acecho.

A partir de ese momento, el favor del público se alejó decididamente del zar. Sus errores se acumulaban uno tras otro, y ya no era el «padre de la nación» ni el emperador benévolo y familiar. Mejor dicho, su sólida base de apoyo se fue disipando poco a poco, preparando el escenario para una guerra civil.

---

[26] KOWNER, Rotem (ed.). *The impact of the Russo-Japanese war*. London: Routledge, 2007.

[27] ANISIN, Alexei. The Russian Bloody Sunday Massacre of 1905: a discursive account of nonviolent transformation. *Politics, Groups, and Identities*, 2014, 2.4: 643-660.

En 1905, la tripulación del ahora famoso acorazado *Potemkin* se amotinó contra sus oficiales, un acontecimiento que sirvió de base para una obra maestra del primer cine, *El acorazado Potemkin*, de Eisenstein[28]. Aunque este motín fue episódico y rápidamente sofocado por el gobierno, sirvió como señal de que el conflicto abierto con las autoridades era posible. La fallida revolución de 1905 también empujó al régimen zarista a emprender reformas aparentemente drásticas. Ya en 1905, Alexander Bulygin redactó un borrador de la primera constitución rusa[29]. El zar, que incluso en este momento decisivo vacilaba entre el absolutismo y el constitucionalismo, aceptó finalmente el Manifiesto de Octubre (que incluía los planes de reforma elaborados por Bulygin). En 1906, Rusia se convirtió en una monarquía constitucional, con un nuevo órgano parlamentario llamado Duma[30, 31]. Para algunos, podía parecer que el poder del emperador quedaría finalmente limitado por la voluntad del pueblo, expresada a través de la Duma. Pero la nueva constitución garantizaba que el zar seguiría teniendo la última palabra. Incluso podía disolver la Duma cuando lo considerase oportuno. Aunque algunos de los principales revolucionarios, como Kérenski, eran miembros de la Duma, la verdadera acción revolucionaria no tenía nada que ver con el parlamento del zar. Es más, los revolucionarios acérrimos despreciaban la Duma como una muestra más de la autocracia del zar.

---

[28] HARIHARAN, Krishnan. Eisenstein and the Potemkin Revolution. *Social Scientist*, 1979, 54-61.

[29] DULEBOHN, Jeanne Louise. *The Bulygin Duma, February-September, 1905: A Study in the History of the Russian Revolution*. University of Minnesota, 1949.

[30] MCKEAN, Robert B. The Constitutional Monarchy in Russia, 1906-17. In: *Regime and Society in Twentieth-Century Russia: Selected Papers from the Fifth World Congress of Central and East European Studies, Warsaw, 1995*. Palgrave Macmillan UK, 1999. p. 44-67.

[31] Más de 100 años antes, el rey francés Luis XVI se encontraba prácticamente en la misma situación. Ante el creciente descontento de casi toda la sociedad, se vio obligado a aceptar la formación de la Asamblea Nacional (constituida pocos días antes de la caída de la Bastilla, el 14 de julio de 1789) y tuvo que aceptar la constitución redactada por este órgano. Esta constitución, sin embargo, mantuvo a Luis XVI como rey y el hombre más poderoso del país. En 1792, el precario *statu quo* se hizo insostenible y Luis XVI murió en la guillotina. Como vemos, existen muchos paralelismos entre las muertes de Luis XVI y Nikolái II Romanov, que también fue asesinado poco después de permitir la formación de la Duma y convertir su imperio en una monarquía constitucional.

Barricadas en Moscú, 1905
Autor desconocido, https://commons.wikimedia.org/w/index.php?curid=24261798

Trabajadores en huelga y vuelcan una locomotora
https://commons.wikimedia.org/w/index.php?curid=12561948

Entre las dos revoluciones de 1905 y 1917, un periodo de precario equilibrio fue posible gracias a ligeras concesiones zaristas a los reformistas. Las huelgas y protestas continuaron, pero no alcanzaron su punto álgido hasta 1916/1917. Los revolucionarios continuaron sus giras casi febriles por la vasta Rusia, distribuyendo panfletos, celebrando reuniones secretas e incitando a los obreros de las fábricas y a los campesinos a derrocar violentamente al gobierno.

Pero, ¿qué ocurría con los grandes revolucionarios profesionales, como Lenin?

La historia de Lenin

Dejamos a Lenin al principio de su historia revolucionaria: todavía a la sombra de su hermano mayor, que fue ejecutado por organizar el asesinato de Alejandro III. Al igual que su hermano mayor Aleksandr, Vladimir Uliánov fue un muy buen alumno[32]. El año 1887 debió de ser increíblemente estresante para el joven Vladimir (diecisiete años por aquel entonces): perdió tanto a su padre como a su hermano mayor. Ese año se matriculó en la Universidad de Kazán, donde estudió Derecho. Al poco tiempo, Lenin lideraba un grupo informal de estudiantes, organizaba protestas y reuniones secretas, y leía literatura prohibida.

El joven Lenin (hacia 1887)
https://commons.wikimedia.org/w/index.php?curid=49899

---

[32] HASEGAWA, Tsuyoshi. Lenin: A Biography. *Journal of Interdisciplinary History*, 2003, 33.3: 482-484.

En 1889, Lenin era marxista hasta la médula. Por consiguiente, creía que la cuna de la revolución sería el proletariado, es decir, la clase obrera urbana en contraposición a los campesinos. En este sentido, tenía muchos oponentes en Rusia que creían que el impulso de los cambios sociales debía venir primero de los campesinos. En aquella época, estos constituían una abrumadora mayoría de la población, ya que Rusia se encontraba aún en las fases iniciales de la industrialización.

Lenin y sus compañeros revolucionarios hacia 1897
https://commons.wikimedia.org/w/index.php?curid=1548894

Entre los primeros liberales, socialistas y anarquistas rusos existía un arquetipo del buen campesino ruso. Gógol, por ejemplo, nunca dejó de presentar sus respetos al bueno y honorable campesino ruso, idealizando la vida sencilla en una granja lejos del brillo de Moscú y San Petersburgo. En ninguna parte es esto más obvio que en el personaje Konstantin Skudronzhoglo de *Almas muertas*, un granjero trabajador, inteligente y honorable. Comparemos esta representación de la vida pacífica y honorable en una granja con los campesinos sin rostro, sin carácter y sin honor de Máximo Gorky, que casi siempre son perezosos, complacientes y un poco estúpidos. Gorki, no hace falta decirlo, estaba profundamente involucrado con el creciente grupo de marxistas. Una vez formada la URSS, Gorki se convirtió en el escritor más importante del país.

Lenin y Gorki se conocieron en 1902[33]. Para entonces, Lenin ya era bien conocido en los movimientos revolucionarios clandestinos, habiendo sido arrestado y exiliado por el gobierno, pero nunca considerado una amenaza seria. Fue un periodo increíblemente turbulento para Lenin, que viajaba por Rusia y Europa, conversando con otros revolucionarios, escribiendo artículos y distribuyendo piezas de propaganda a los trabajadores en huelga. Solo podemos imaginar la energía febril con la que Lenin viajaba de un lado a otro de Rusia, eludiendo a la Ojrana (policía secreta rusa) y haciendo planes con liberales, socialistas y compañeros marxistas. Hacia 1903, apareció un importante cisma entre los marxistas rusos, divididos entre los mencheviques más moderados (literalmente «los de la minoría»), dirigidos por Yuli Mártov, y los bolcheviques («los de la mayoría»), dirigidos por Lenin. En 1912, el divorcio entre bolcheviques y mencheviques se hizo formal, pero las dos facciones siguieron coexistiendo y a veces cooperando en la empresa revolucionaria conjunta[34].

La Revolución de 1905 revigorizó a Lenin y fomentó su convicción de que la fuerza y la violencia eran la única forma de lograr la revolución. Por otra parte, no le convencieron las concesiones zaristas ni la tardía formación de una monarquía constitucional y de la Duma. Las concesiones eran casi puramente simbólicas, y el zar Nicolás II conservaba el poder absoluto sobre la Duma.

De regreso a Rusia, Lenin intentó incitar nuevas protestas y conflictos con los zaristas, en vano. Los bolcheviques, recibiendo el «amén» de Lenin, emprendieron acciones concretas, como el atraco a un banco de Tiflis en 1907, dirigido nada menos que por Joseph Stalin. Pero Lenin y sus colaboradores más cercanos pronto se vieron obligados a huir de nuevo al extranjero, temiendo las represalias de la Ojrana. Viviendo una auténtica vida obrera desde Suiza, París y Londres hasta la hermosa isla de Capri, Lenin tuvo mucho tiempo para pensar en la situación. Es posible que se estuviera desilusionando de todo el asunto revolucionario. La Primera Guerra Mundial lo pilló en la Polonia austrohúngara, donde Lenin se reencontró con el hegelianismo y con

---

[33] YEDLIN, Tova. *Maxim Gorky: A political biography*. Greenwood Publishing Group, 1999. Disponible en: http://www.arvindguptatoys.com/arvindgupta/rus-gorky-biography.pdf

[34] CARR, E. H.; CARR, E. H. Bolsheviks and Mensheviks. *The Bolshevik Revolution 1917-1923: Volume One*, 1950, 26-44.

algunos clásicos. Trasladado de nuevo al verdadero paraíso obrero de la Zúrich suiza, Lenin apenas podía creer las noticias de la Revolución de Febrero en Rusia, que lo impulsaron a regresar rápidamente a su patria junto con unas pocas docenas de disidentes de ideas afines.

Aquí es donde la historia del «tren sellado» pasa a primer plano. Las autoridades alemanas reconocieron que Lenin y sus compatriotas podían desestabilizar aún más a Rusia, su enemigo, y podrían haber ayudado logísticamente con el regreso de Lenin a Rusia. (La guerra seguía haciendo estragos y era imposible viajar a Rusia desde Alemania o Austria-Hungría). Posteriormente hubo acusaciones de que Lenin actuaba como agente alemán con el objetivo final de debilitar a Rusia y permitir que Alemania tomara las riendas de la guerra[35]. Esta afirmación procedía principalmente de sus oponentes dentro de Rusia durante la Revolución de Febrero. Nunca lo sabremos con certeza, aunque tan pronto como Lenin llegó al poder, firmó la paz con los alemanes (es decir, el Tratado de Brest-Litovsk firmado a principios de 1918) en términos solo aceptables para ellos. Por otra parte, la Primera Guerra Mundial fue una de las principales causas de la Revolución de Febrero, ya que trajo consigo innumerables bajas, hambrunas, enfermedades, etc. Es probable que la mayoría de la población rusa deseara que la guerra terminara lo antes posible.

Una vez descrito el panorama de la Rusia anterior a la Revolución, veamos más de cerca la Revolución de Febrero.

---

[35] PHILLIPS, Steve. *Lenin and the Russian Revolution*. Heinemann, 2000. P. 27

Capítulo 3: La Revolución de Febrero de 1917

El 28 de junio de 1914, Gavrilo Princip, un joven serbio de Bosnia (anexionada en aquel momento por Austria-Hungría), asesinó a Francisco Fernando, archiduque del Imperio austrohúngaro y sucesor designado del emperador Francisco José[36]. Gavrilo, miembro del grupo Joven Bosnia (no muy distinto de los grupos anarquistas rusos), desencadenó una serie de acontecimientos catastróficos que sumieron al mundo en una guerra total. La catástrofe tenía que producirse tarde o temprano. Viendo en el asesinato una excusa perfecta, Austria-Hungría declaró la guerra a Serbia. Prácticamente todas las potencias europeas empezaron a movilizar sus fuerzas poco después del asesinato, y estallaron conflictos abiertos entre dos bloques de potencias, definidos mucho antes del asesinato de Francisco Fernando en Sarajevo.

---

[36] BECHERELLI, Alberto; BIAGINI, Antenllo; MOTTA, Giovanna. Remembering Gavrilo Princip. *The First World War: Analysis and Interpretation*, 2015, 1: 17-33.

Probablemente la representación más famosa del asesinato de Francisco Fernando y su esposa
https://commons.wikimedia.org/w/index.php?curid=29686990

Inicialmente se creyó que la guerra sería corta, pero resultó ser el mayor conflicto conocido por la humanidad hasta ese momento. Ningún país estaba preparado para ello, y el Imperio ruso fue quizá el peor preparado.

En 1916, la situación en Rusia era pésima, e incluso los productos de primera necesidad, como el pan, escaseaban cada vez más. Las huelgas y protestas ya se habían convertido en una rutina en Rusia en 1905, y la guerra supuso el impulso final que hizo que el malestar fuera tan masivo que resultó imposible mantener el orden. Además, los que debían mantener el orden —el ejército y la policía— estaban cada vez más desilusionados con el zar, al ver que podrían no ser capaces de alimentarse a sí mismos y a sus familias debido a las malas decisiones del gobierno.

Por último, la población urbana de Rusia —el proletariado que trabajaba en las fábricas— iba en aumento. A medida que Rusia se industrializaba, ciudades como Petrogrado o Moscú crecían exponencialmente. Por ejemplo, en 1864, Petrogrado solo tenía unos 500.000 ciudadanos; en 1917, ya había 2.500.000 personas viviendo y trabajando en Petrogrado, la mayoría de ellas en fábricas recién abiertas[37]. Aunque la industrialización y la urbanización (más concretamente, la falta de ella) se citan a menudo como una de las causas de la caída del Imperio ruso, los primeros pasos hacia la industrialización fueron cruciales en la caída del imperio. Parece que Lenin tenía razón al creer firmemente a Marx que una revolución socialista debía provenir de la clase obrera urbana.

A veces se dice que la Revolución de Febrero cogió a todo el mundo por sorpresa, incluso a los revolucionarios profesionales. Gente como Lenin, ausente de Rusia durante años, se sintió ciertamente sorprendida por la aparentemente espontánea Revolución de Febrero. Pero en 1916, casi todo el mundo en Rusia, incluido el propio gobierno, sabía que se avecinaba una violenta tormenta. Los agentes de la Ojrana advirtieron un «estado de extrema agitación de las masas trabajadoras y los grupos sociales (...)»[38]. La Ojrana, que seguía de cerca a los principales agitadores, socialistas, anarquistas y marxistas, también observó cómo ayudaban a organizar protestas y huelgas, dándoles una forma política más concentrada y concreta.

Una de las muchas protestas en la avenida Nevsky, en Petrogrado
https://commons.wikimedia.org/w/index.php?curid=11008740

---

[37] Britannica; Evolution of the modern city: road to revolution. Disponible en: https://www.britannica.com/event/July-Days

[38] MELANCON, Michael. Rethinking Russia's February Revolution: anonymous spontaneity or socialist agency?. *The Carl Beck Papers in Russian and East European Studies*, 2000, 1408: 48.; p. 6.

La Ojrana también observó una convergencia entre facciones políticas, como bolcheviques y *naródniks*, y su participación (y la de otros grupos) en la organización de soldados para unirse a los disturbios y ayudar a formar un levantamiento armado contra el zar[39]. El Partido Socialista Revolucionario (SRP) fue especialmente importante a la hora de trasladar el fervor revolucionario al ejército, que siempre podía ser utilizado por el gobierno para sofocar los disturbios. Se imprimieron panfletos a gran escala, una poderosa arma en manos de los revolucionarios. Uno de esos panfletos, impreso y distribuido por el SRP en vísperas de la Revolución de Febrero, contaba la siguiente historia:

> «Vosotros, viejos guerreros que habíais empezado a dudar de la victoria de la revolución, y vosotros, jóvenes soldados verdes, ¿no habéis sentido cómo toda la enorme Rusia se ha puesto en alerta? Seguro que habéis oído las noticias que se extienden»[40].

Además de Petrogrado y Moscú, muchas otras ciudades rusas, como Járkov, Sarátov, Nizhni-Novgorod, Samara y Vorónezh, vieron la expansión de los esfuerzos revolucionarios. Los impulsos más poderosos procedían de las fábricas. Abundan las memorias de simples obreros que participaron en reuniones bolcheviques, mencheviques y *naródnik* años antes de la Revolución de Febrero. Por ejemplo, Kapytianov habla de una reunión en la fábrica Putilov en 1915, que contó con unas doscientas personas, en la que se discutieron las crecientes dificultades relacionadas con la guerra[41]. Otro trabajador, Voronkov, recuerda la formación de un grupo informal de socialistas, anarquistas y otros activistas con ideas afines en su fábrica de municiones del arsenal. Este grupo coordinó una huelga el 9 de enero de 1916, aniversario del incidente del Domingo Sangriento.

Para el 14 de febrero, los revolucionarios organizaron una huelga masiva, que abarcaba a 89.000 trabajadores de la fábrica. En esta fecha, sin embargo, la mayoría de los trabajadores simplemente se fueron a casa. Todavía era imposible transformar la frustración de los

---

[39] Los *naródniks* diferían de los bolcheviques en su interpretación de Marx. Los bolcheviques creían que el principal impulso para la revolución procedería del proletariado, mientras que los *naródniks* se centraban en los *narod* —campesinos—, basándose en una tradición de glorificación de la vida campesina. Sus esfuerzos culminaron en la formación del Partido Socialista Revolucionario, quizá el más importante para la Revolución de Febrero.
[40] MELANCON, Michael. Rethinking Russia's February Revolution, p.8.
[41] Ibíd., p.12

trabajadores en un acto de rebelión más violento. Sin embargo, el 23 de febrero de 1917 (Día Internacional de la Mujer), la frustración alcanzó por fin su punto de inflexión[42]. En los días previos al 23 de febrero se produjeron muchas huelgas y protestas, sobre todo huelgas de trabajadoras de fábricas textiles. Finalmente, el Día Internacional de la Mujer fue elegido por varias fábricas como otro día de huelgas, un día de gran valor simbólico para todo el movimiento socialista. Las protestas masivas para este día podrían haberse planeado con meses de antelación. La cuestión del pan fue un importante punto de propaganda que condujo a este acontecimiento. Los precios habían subido considerablemente y el suministro era cada vez más precario.

Así, el 23 de febrero de 1917, decenas de miles de obreros de las fábricas de Petrogrado y manifestantes del Día de la Mujer se reunieron en las calles, protestando contra los planes de racionamiento de alimentos, exigiendo el fin de la guerra y de la monarquía. Las mujeres se hicieron oír especialmente por la escasez de alimentos y atrajeron cada vez a más trabajadores a las calles.

No había quien parara. Las protestas continuaron al día siguiente, y probablemente cientos de miles de personas recorrieron las calles de Petrogrado. El 25 de febrero, todas las fábricas de Petrogrado estaban paralizadas por las huelgas, y la multitud en las calles creció, llegando posiblemente a 250.000 personas. Nicolás II instó a la policía a reprimir a los alborotadores con violencia y disparos, como había hecho muchas veces antes. Al día siguiente, uno de los regimientos con guarnición en la ciudad se amotinó y se enfrentó a la policía zarista. Mientras tanto, el zar parecía subestimar seriamente la gravedad de la situación. Fruncía el ceño ante los telegramas cada vez más desesperados de Rodzianko, entonces presidente de la Duma. Ni siquiera estaba en Petrogrado, sino en Moguiliov, una ciudad de Bielorrusia.

El 27 de febrero, varios regimientos de la guarnición de Petrogrado se habían amotinado y distribuido armas entre los manifestantes civiles, lo que hizo posible el control total de Petrogrado por parte de los revolucionarios. El zar ni siquiera podía entrar en Petrogrado en tren, ya que los manifestantes controlaban las estaciones. Comprendiendo lentamente que su poder había llegado a su fin, Nicolás II Romanov

---

[42] En aquella época, los rusos utilizaban el antiguo calendario juliano, que iba trece días por detrás del nuevo calendario gregoriano. Así, la Revolución de Febrero es más correctamente la Revolución de Marzo, y la Revolución de Octubre es en realidad la Revolución de Noviembre.

abdicó e intentó transferir el poder a su hermano, el gran duque Mijaíl, el 2 de marzo. El gran duque se negó y la dinastía Romanov abandonó el trono que había ocupado durante siglos el 3 de marzo de 1917. Nicolás II Romanov, junto con su esposa, cuatro hijas y un hijo, fueron asesinados en 1918 en Ekaterimburgo, donde fueron encarcelados por los bolcheviques.

La multitud quema símbolos de la monarquía, 27 de febrero de 1917
https://commons.wikimedia.org/w/index.php?curid=11008748

Protestas en marzo, Petrogrado
https://commons.wikimedia.org/w/index.php?curid=11008738

Capítulo 4: Doble poder: los Provisionales y el Soviet de Petrogrado

Incluso antes de que los Romanov abdicaran, se formaron nuevas instituciones de poder: el Gobierno Provisional, surgido de la Duma, y el Soviet de Petrogrado (un consejo obrero que también reunía a los soldados que se habían amotinado contra el zar)»[43],[44]. Las dos instituciones formaban el *dvoyevlastiye*, literalmente «poder dual", que significaba la temprana ruptura entre los revolucionarios. El Gobierno Provisional recibió la herencia de la Duma. Era mucho más moderado y a menudo lento a la hora de actuar que el Soviet de Petrogrado, dominado por los bolcheviques, que era más informal, pero también más extremista.

---

[43] SCHAPIRO, Leonard. The Political Thought of the First Provisional Government. In: *Revolutionary Russia*. Harvard University Press, 1968. p. 97-113.

[44] HASEGAWA, T. (1977). The Bolsheviks and the formation of the Petrograd soviet in the February Revolution. *Soviet Studies, 29*(1), 86-107.

Primer Gobierno Provisional
https://commons.wikimedia.org/w/index.php?curid=14751046

Principales miembros del Soviet de Petrogrado
https://commons.wikimedia.org/w/index.php?curid=45602812

En un interesante giro de la historia, Lenin, que (contrariamente a Marx) creía que una revolución del proletariado no necesitaba ir precedida de una revolución burguesa, acusaba ahora al Gobierno Provisional de defender los intereses burgueses y abogaba por una completa concentración del poder en manos del Soviet. Así pues, la Revolución de Febrero no era más que una revolución burguesa, y la revolución proletaria aún estaba por llegar[45]. Lenin escribió diligente y apasionadamente contra el Gobierno Provisional. Lenin, por ejemplo, dijo lo siguiente:

> «La cuestión es que Guchkov, Milyukov, Tereshchenko y Konovalov [miembros del Gobierno Provisional] son portavoces de los *capitalistas*. Y la toma de tierras extranjeras es necesaria para los capitalistas. Recibirán nuevos mercados, nuevos lugares a los que exportar capital, nuevas oportunidades de conseguir empleos rentables para decenas de miles de sus hijos, etc. La cuestión es que en el momento actual los *intereses* de los

---

[45] Lo más probable es que se tratara de otro instrumento de propaganda. Simples obreros y soldados habían derrocado al zar, pero la Duma, no elegida democráticamente, seguía existiendo a través del Gobierno Provisional.

capitalistas rusos son idénticos a los de los capitalistas británicos y franceses. Esa, y solo esa, es la razón por la que los tratados del zar con los capitalistas británicos y franceses son preciosos para el Gobierno Provisional de los capitalistas rusos»[46].

Discurso de Lenin
https://commons.wikimedia.org/w/index.php?curid=27944019

Así, en la mente de Lenin, los Provisionales no eran diferentes de los zaristas, que defendían los mismos intereses. Como vemos, había una batalla ideológica entre los Provisionales y los Soviets. Uno de los principales puntos políticos de Lenin era su oposición a la guerra, ya que la mayoría de la población rusa quería a su país fuera de la guerra. Los Provisionales, por el contrario, querían que Rusia siguiera haciendo la guerra contra Alemania, y Lenin era bastante inflexible sobre sus motivos:

---

[46] LENIN, Vladimir. *Lenin Collected Works*, Progress Publishers, 1964, Moscow, Volume 24, pages 189-191.

> «Los que avivan las llamas de la guerra siguen hablando en nombre de Rusia. A los obreros y soldados se los alimenta con banalidades sobre la paz sin anexiones, mientras que a escondidas se sigue una política que solo beneficia a una pequeña camarilla de millonarios que prosperan con la guerra»[47].

La guerra contra Alemania, en la mente de Lenin, era una guerra capitalista, al servicio solo de los intereses de unos pocos ricos, con pobres muriendo cada día por estos intereses. Esta explicación, muy simple, no estaba lejos de la verdad y resonó entre la población rusa. La renuencia de los Provisionales a detener la guerra fue una de las principales razones del descontento de las masas con la Revolución de Febrero. Lenin se aseguró de utilizar este descontento para llevar a los bolcheviques al poder.

Tal era el panorama revolucionario de Rusia en los días previos a la Revolución de Octubre. Por un lado estaba el Gobierno Provisional dirigido por Kérenski, quizás desde los primeros días condenado al fracaso debido a su conexión con la Duma y el régimen zarista. La reputación de los provisionales estaba probablemente manchada por su anterior cooperación con el régimen. Ahora que la monarquía estaba totalmente abolida, los revolucionarios estaban borrando todos los símbolos de la monarquía. Los que cooperaban con el zar (o eran presentados como tales por la propaganda bolchevique) eran el siguiente enemigo a batir.

En el otro lado estaba el Soviet, mucho más cercano a los trabajadores de las fábricas, sus comités y los soldados que se habían rebelado contra el zar. El Soviet, como ya se ha dicho, era en gran medida independiente del Gobierno Provisional (de ahí el término *poder dual* utilizado para describir el periodo entre las revoluciones de febrero y octubre) y tenía en sus manos un poder mucho más concreto. Los soldados y los obreros habían acabado por derrocar el régimen zarista, no los miembros «burgueses» del Gobierno Provisional. Y muy pronto prestarían sus manos para derrocar a los Provisionales.

---

[47] LENIN, Vladimir. *Lenin Collected Works*, Progress Publishers, 1964, Moscow, Volume 24, páginas 112-114.

Capítulo 5: La Revolución de Octubre de 1917

Retórica bolchevique

Antes de pasar a describir la Revolución de Octubre y cómo se produjo, centrémonos en la ideología que subyace al movimiento, que es, en pocas palabras, la interpretación (y el ajuste) que Lenin hizo del marxismo. Hasta ahora, hemos mencionado algunas notas generales sobre las creencias de Lenin, pero ahora las trataremos con más detalle.

Lenin fue un escritor prolífico con una producción inmensa. Siempre en acción, siempre gestionando, todavía escribió dos libros importantes en 1909: *El desarrollo del capitalismo en Rusia* en 1899 y *Materialismo y empiriocriticismo* en 1909[48, 49]. Antes, después y entre la escritura de estos libros, Lenin escribió innumerables artículos para revistas, artículos de opinión sobre, por ejemplo, las políticas de la Internacional Comunista, y aún más cartas (a menudo tan serias como sus libros y artículos). Puede que haya notado que enfatizamos el marcado contraste entre el estilo de vida de Lenin (es decir, viajar por Europa, a menudo a destinos lujosos, y no hacer ningún trabajo manual) y el estilo de vida de la gente cuyo apoyo reunía (obreros). Sin embargo, es cierto que Lenin era un trabajador incansable a su manera. Consideraba la escritura su propia fábrica y la pluma y el papel su martillo y su hoz. También era un

---

[48] Disponible en: https://www.marxists.org/archive/lenin/works/cw/pdf/lenin-cw-vol-03.pdf
[49] Disponible en: https://www.marxists.org/archive/lenin/works/cw/pdf/lenin-cw-vol-14.pdf

gran erudito, lo que nunca deja de mostrarse en sus obras.

En *El desarrollo del capitalismo en Rusia*, Lenin comienza con una descripción concisa de las ideas marxistas fundamentales: la evolución de las sociedades de una economía natural a una economía mercantil y capitalista, y la importancia de la división social del trabajo para esta evolución. Para empezar, una economía natural está formada por unidades sociales homogéneas, en las que «(...) cada una de esas unidades se dedicaba a todas las formas de actividad económica, desde la adquisición de diversos tipos de materias primas hasta su preparación final para el consumo»[50]. A medida que avanza la división social del trabajo, las unidades socioeconómicas se diversifican cada vez más, constituyendo una base firme para la economía capitalista típica. De este modo, los productos se convierten en mercancías y entran en una compleja interacción mercantil de «valores de uso» y «valores de cambio». De hecho, en las economías capitalistas, el valor de cambio, expresado en dinero, tiene prioridad sobre los valores de uso. La división social del trabajo hace necesaria la transformación de todos los productos en valores de cambio porque las unidades individuales de la sociedad dependen cada vez más unas de otras para su subsistencia básica y su crecimiento.

La división social del trabajo también reduce la población agrícola y aumenta considerablemente el número de personas que trabajan en la industria. Dentro de una economía natural (y, en cierta medida, mercantil), sigue siendo posible que los trabajadores sean propietarios de los medios de producción. Pero a medida que progresa la división social del trabajo, es menos probable que los trabajadores posean los medios de trabajo. Los capitalistas poseen los medios de producción, mientras que los trabajadores no tienen más remedio que vender su fuerza de trabajo.

Una crítica ácida, arrogante y desdeñosa de los *naródniks* rezuma de la introducción de Lenin a su primera obra importante. Los *naródniks* tienen sus «prejuicios románticos» (es decir, su simpatía por los campesinos) y son irresponsables[51]. Cualquier tipo de comunicación con ellos es imposible, y Lenin nunca cederá ni una pulgada de su territorio teórico a los *naródniks* (o a cualquier otro grupo político, para el caso). Incluso desde los primeros días, es evidente lo convencido que estaba

---

[50] *The Development of Capitalism in Russia*, pp. 37-38.
[51] *The Development of Capitalism in Russia*, p. 42.

Lenin de ser uno de los profetas de Marx, uno de los elegidos para difundir la sabiduría del Marx supremo a las masas[52]. Huelga decir que Lenin cita religiosamente a Marx en prácticamente todas las páginas de su libro.

Por supuesto, el mantra constante de los marxistas, los «medios de producción», ocupa un lugar destacado en la introducción de *El desarrollo del capitalismo en Rusia*. El principal problema del capitalismo es que los medios de producción (por ejemplo, máquinas, fábricas, etc.) están en manos de empresarios capitalistas individuales que son en gran parte culpables de la situación en la que se encuentran los trabajadores: «Y como al empresario individual le es indiferente el tipo de artículo que produce, todo producto le reporta un "ingreso"»[53]. Esta indiferencia, unida a la preocupación por aumentar el propio capital, conduce a la contradicción básica del capitalismo, según Marx:

«Contradicción en el modo de producción capitalista: los obreros como compradores de mercancías son importantes para el mercado. Pero como vendedores de su propia fuerza de trabajo, la sociedad capitalista tiende a mantenerlos al precio mínimo»[54]. En otras palabras, a los empresarios capitalistas no les importan sus trabajadores o solo les importan mientras permitan el aumento del capital. Esta injusticia básica golpeó profundamente a Lenin y lo alimentó con el tipo de energía febril necesaria para realizar una revolución.

En *Materialismo y empiriocriticismo*, escrito en 1908, Lenin explica detalladamente las bases del Partido Bolchevique y en qué se diferencian los bolcheviques de otros grupos, como los mencheviques. En este libro, encontramos a un Lenin mucho más enfadado y agresivo, que defiende el pensamiento marxista ortodoxo de la embestida de los intelectuales rusos que se atrevían a ajustar o, Dios no lo quiera, criticar el pensamiento de Marx y Engels. Este libro es interesante porque representa a la perfección la forma de argumentar de Lenin y cómo reprimía a sus oponentes intelectuales. En el prefacio a la primera edición de *Materialismo y empiriocriticismo*, Lenin se refiere inmediatamente a los marxistas que no están de acuerdo con él como «aspirantes a marxistas» y pasa a enmarcar sus trabajos (serios) sobre el

---

[52] Lenin era de hecho un experto en Marx, habiendo traducido también algunas obras de Marx al ruso desde el original alemán.

[53] Ibíd. Pág. 563

[54] MARX, Karl, *Das Kapital*, II, 303.

marxismo como «dedicados principal y casi exclusivamente a ataques al materialismo dialéctico»[55]. Al más puro estilo de la Cheka y la NKVD, Lenin ve críticas a Marx y Engels donde no eran intencionadas y se esfuerza seriamente por demostrar que intelectuales como Aleksándr Bogdánov (inicialmente bolchevique) estaban destruyendo todo el edificio del marxismo cuando intentaban ajustar esta ideología a la luz de nuevas ideas filosóficas, como las de Ernst Mach[56, 57]. La gente como Bogdánov son filósofos «reaccionarios» y «revisionistas»: están intentando cambiar algo que ya es perfecto y verdadero, y al hacerlo, están socavando la revolución. La desproporción entre la naturaleza de la situación y la ira apenas velada de Lenin es obvia e incluso extraña, probablemente procedente de un oscuro lugar psicológico y de su incapacidad para tolerar a quienes no estaban de acuerdo (aunque solo fuera parcialmente) con él.

Si la filosofía de De Sade es una «filosofía de tocador», la filosofía de Lenin a menudo parece una «filosofía de cantina», especialmente cuando intenta criticar los puntos de vista de otros. Por ejemplo, Lenin acusa a Ernst Mach de solipsismo, a pesar de que no se puede encontrar tal afirmación en ninguna de las obras de Mach[58]. Lenin procede entonces a añadir más ofensas intelectuales: el idealismo, por ejemplo, se utiliza como una acusación y un insulto. Aquellos descritos como idealistas son necesariamente estúpidos, reaccionarios, revisionistas, o incluso peor, similar al obispo Berkeley: culpable de ser un idealista que cree en el solipsismo. Lenin critica el solipsismo por egoísta, por no reconocer los puntos de vista de los demás. Irónicamente, Lenin era bastante solipsista al interpretar el marxismo: él era la única fuente del verdadero marxismo, al menos en su mente.

Creemos que es importante representar al menos una parte de las obras de Lenin porque fueron cruciales para la formación del dogma bolchevique y la forma en que los bolcheviques trataban las opiniones discrepantes. Esto debió preocupar seriamente a los observadores astutos, que comprendieron que si los bolcheviques llegaban al poder, la libertad de expresión sufriría enormemente. Efectivamente, diez años después de terminar *Materialismo y empiriocriticismo*, Lenin supervisó

---

[55] *Materialismo y empiriocriticismo*, pág. 19.
[56] Más adelante hablaremos de estas instituciones policiales secretas.
[57] Ernst Mach fue un importante físico y filósofo austriaco del siglo XIX y principios del XX.
[58] *Materialismo y empiriocriticismo*, pág. 42.

la formación de los primeros campos tipo GULAG, que acogieron a decenas de miles de personas políticamente inapropiadas.

Ahora volvamos a la Revolución de Octubre, cuando Lenin y los bolcheviques finalmente llegaron al poder y empezaron a moldear Rusia según el molde marxista.

Impulsado por la retórica presentada anteriormente, el Soviet de Petrogrado se radicalizó rápidamente hasta creer que la única forma de avanzar era derrocar violentamente al Gobierno Provisional. A decir verdad, el Gobierno Provisional, al emanar de la Duma, no fue elegido democráticamente y, como tal, era ilegítimo. Pero antes de que los Provisionales pudieran organizar las primeras elecciones en Rusia, los bolcheviques los apartaron del poder. Por desgracia, los bolcheviques ni siquiera soñaron con permitir que el pueblo ruso eligiera a sus dirigentes.

El fin del Gobierno Provisional

Los Provisionales poco pudieron hacer para sacar a Rusia de la espiral de muerte. La inseguridad alimentaria, la guerra y las malas condiciones de trabajo continuaron incluso después de la Revolución de Febrero y la abdicación del zar. Huelgas, protestas e incluso violentos levantamientos campesinos se convirtieron en parte de la vida cotidiana rusa.

Quizá lo que selló definitivamente el destino de los Provisionales fue su apoyo a la continuación de la guerra. A su vez, la oposición de Lenin a la guerra le granjeó mucha estima entre el creciente grupo de rusos antibelicistas. El pueblo —la gente trabajadora normal y corriente— rara vez está a favor de la guerra, o al menos deja de estarlo cuando las atroces consecuencias de la guerra se hacen evidentes[59]. Antes vimos la ardiente retórica antibelicista de Lenin. Solo podemos imaginar el caos de los días posteriores a Febrero y previos a la Revolución de Octubre, con numerosos pequeños Lenin del Soviet de Petrogrado corriendo por Rusia, denunciando la fea guerra capitalista de los Provisionales. La llamada ofensiva Kérenski había fracasado, y las Potencias Centrales

---

[59] A finales de 1917, Rusia había perdido millones de soldados, con un total de 3,4 millones de muertos y hasta cinco millones de heridos. Rusia en 1917 tenía una gran población (unos 175 millones); sin embargo, la mayoría de las bajas de guerra eran hombres jóvenes que normalmente pasarían a trabajar en la industria o la agricultura. Pero el efecto de la guerra fue también emocional, y la gente (en toda Europa, de hecho) quería que acabaran las matanzas sin sentido.

habían conseguido infligir desastrosas contraofensivas, destruyendo la moral de las tropas rusas y de toda la población. A mediados de julio de 1917, cientos de miles de manifestantes se congregaban en las calles de Petrogrado, instando al gobierno a detener la guerra. En ese momento, el Gobierno Provisional demostró que podía ser tan opresivo como el régimen zarista. Entre el 16 y el 20 de julio, posiblemente cientos de manifestantes fueron asesinados, y los disturbios en Petrogrado se detuvieron, al menos temporalmente[60, 61].

Violenta represión de las protestas de julio
https://commons.wikimedia.org/w/index.php?curid=2686129

Los bolcheviques fueron incapaces de canalizar las protestas hacia una revolución total o, más probablemente, no estaban preparados para semejante resurgimiento del espíritu revolucionario en la capital. Lenin había dejado clara su postura sobre el Gobierno Provisional unos meses antes, llamándolos «burgueses» y «capitalistas». Debido a sus reticencias durante las tumultuosas jornadas de julio, los bolcheviques alcanzaron uno de sus puntos más bajos. Los Provisionales finalmente reprimieron a los bolcheviques, que se convirtieron en un partido ilegal y clandestino. Lenin se vio obligado a huir a Finlandia y Trotsky fue arrestado. Aún más importante, las herramientas de propaganda bolcheviques —sus

---

[60] Los propios manifestantes se mostraron violentos y causaron importantes daños a las fuerzas gubernamentales.
[61] RABINOWITCH, Alexander. *Prelude to revolution: The Petrograd Bolsheviks and the July 1917 uprising*. Indiana University Press, 1991.

imprentas— fueron destruidas, y su periódico *Pravda* (Justicia) fue declarado ilegal.

Esto no hizo sino ralentizar el trabajo de los bolcheviques, muy versados en las acciones clandestinas, tras haber trabajado durante años bajo el régimen zarista. El impulso final de la Revolución de Octubre vino del golpe de Kornílov. Este golpe fue probablemente una expresión de la ira y la frustración que sentían todos en el ejército ruso, en su punto álgido tras el vergonzoso final de la ofensiva de julio de Kérenski[62].

Las noticias de que el ejército del general Lavr Kornílov se acercaba a Petrogrado llevaron el miedo a la capital, especialmente al Soviet de Petrogrado, contra el que iba dirigida la frustración de Kornílov[63]. Los bolcheviques tenían conexiones en todas partes y frenaron el avance de Kornílov saboteando sus comunicaciones telegráficas y el transporte ferroviario. Los bolcheviques (y otros partidos del Soviet) también tenían conexiones entre el ejército de Kornílov y convencieron a muchos soldados para que abandonaran la marcha hacia Petrogrado. De hecho, los Provisionales estaban tan asustados por el avance de Kornílov que revirtieron su reciente prohibición de los bolcheviques y —lo que era aún más importante— apoyaron a los partidos de extrema izquierda, con la esperanza de obtener su apoyo.

El 13 de septiembre se hizo evidente que Kornílov no podría derrocar al gobierno, y el asunto llegó a su fin. Si en julio Lenin no había creído llegado el momento de una rebelión violenta y armada contra el gobierno, ahora se sentía más seguro. Se estaba elaborando un plan sobre cómo derrocar pronto a los Provisionales. Todo el mundo en Petrogrado sabía que se estaba preparando algo grande. Los Provisionales, débiles desde el principio y casi completamente incapaces de acciones concretas, solo podían observar cómo los bolcheviques planeaban su ataque final.

El 24 de octubre (6 de noviembre, calendario gregoriano), intentaron infligir un golpe demoledor a los bolcheviques asaltando la sede del periódico *Camino del obrero*. Sin embargo, solo consiguieron empujar a los bolcheviques a iniciar su levantamiento armado. Los bolcheviques

---

[62] Es posible, sin embargo, que en algún momento Kérenski pensara que era necesario reforzar aún más el Gobierno Provisional con el apoyo del ejército e invitara a Kornílov a traer un ejército a Petrogrado. El sentimiento general, sin embargo, era que un ejército enemigo marchaba hacia Petrogrado, intentando tomar el poder por la fuerza.

[63] ASCHER, Abraham. The Kornilov Affair. *Russian Review*, 1953, 12.4: 235-252.

retomaron rápidamente el edificio de *Camino del obrero* y, el 25 de octubre, el Telégrafo Central pasó a estar bajo el control de los bolcheviques. Es bastante simbólico que la toma del poder empezara por hacerse con el control total de las comunicaciones dentro de la ciudad. Los bolcheviques siempre fueron maestros de la propaganda, y aunque sus fuerzas armadas finalmente superaron en número a las de los Provisionales, los bolcheviques sabían que seguía siendo imperativo hacerse primero con el control de las comunicaciones y luego continuar con el resto.

Guardias rojos, trabajadores de la fábrica Vulkan (octubre de 2017)
https://commons.wikimedia.org/w/index.php?curid=4283360

Los bolcheviques tomaron lugares estratégicos con facilidad. El Palacio de Invierno, aunque defendido por un puñado de soldados leales al gobierno, fue finalmente tomado por los bolcheviques el 26 de octubre[64]. Pronto, los bolcheviques habían tomado los lugares más importantes de Moscú y otras ciudades importantes de Rusia. Todos los Provisionales fueron encarcelados excepto Kérenski, que consiguió huir, intentando reunir fuerzas y atacar a los bolcheviques.

En esta época se produjo un curioso intento de llevar a cabo las primeras elecciones democráticas en Rusia. En el mejor de los casos, debieron de ser elecciones parciales debido a las dificultades de

---

[64] CARR, Edward Hallett. *The Bolshevik Revolution, 1917-1923*. WW Norton & Company, 1985.

organizarse en medio de una guerra con una población de más de cien millones de habitantes. El poder dual siguió existiendo durante un corto periodo de tiempo, incluso después de la caída de los Provisionales. Los soviéticos siguieron acumulando poder, y los bolcheviques disolvieron la Asamblea Constituyente tras funcionar solo unos días, el 19 de enero. Como era de esperar, la Asamblea Constituyente fue disuelta, ya que los bolcheviques solo obtuvieron alrededor del 23,3% de los votos, por detrás de los socialrevolucionarios (alrededor del 37,6%). Las elecciones pintaron un panorama mucho más heterogéneo que el que los bolcheviques estaban dispuestos a aceptar.

La abolición de la primera verdadera institución democrática rusa fue un poderoso presagio de lo que estaba por venir, un presagio de la dictadura del proletariado. Los marxistas creen que, para que la utopía comunista se materialice, primero tiene que haber un periodo de dictadura del proletariado. Es decir, un partido proletario autoritario tiene que hacerse con todo el poder y conducir lentamente al Estado hacia los ideales comunistas, como la abolición de la propiedad privada, la propiedad común de los medios de producción, un sistema sin clases, etc. La ironía final es que en la mayoría de los lugares donde se aplicó el marxismo-leninismo, la dictadura del proletariado tendió a *aumentar* con el paso del tiempo.

Décadas después del fin de las revoluciones, países como la URSS, la República Popular China y muchos otros seguían dirigidos por un partido omnipotente de influyentes comunistas, con cada vez menos libertades personales (y sociales). Además, la dictadura del proletariado condujo a la formación de la nueva clase dominante, la burguesía roja. El término burguesía roja procede de las protestas de los estudiantes de Belgrado en 1968, que se manifestaron especialmente en contra de la formación de la nueva élite comunista —en su opinión, contraria al comunismo real. Milovan Djilas, un comunista yugoslavo cercano a Tito, escribió un importante libro sobre este tema titulado *La nueva clase: Un análisis del sistema comunista* (1957). Djilas comprendió correctamente las repercusiones de tener una élite comunista, estableciendo una cronología según la cual la mayoría de los países comunistas pasan primero por un periodo autoritario. A este le sigue la gradual relajación del terror del partido y el establecimiento de una clase dirigente bien definida que se rige principalmente por sus propios intereses y establece su dominio sobre otras clases. Esto conduce inevitablemente al estancamiento a medida que la clase dirigente se vuelve cada vez más autocomplaciente. Esto es exactamente lo que ocurrió en la Yugoslavia natal de Djilas y en la URSS.

Disolución de la Asamblea Constitucional
https://commons.wikimedia.org/w/index.php?curid=23515969

A los socialrevolucionarios, los *naródniks*, les fue mucho mejor con la población campesina de Rusia, que seguía siendo una abrumadora mayoría en comparación con la creciente población urbana de clase obrera, que normalmente apoyaba a los bolcheviques. Aunque los bolcheviques nunca tuvieron una actitud demasiado positiva hacia los campesinos, las primeras elecciones debieron de sellar el destino de los campesinos y su estatus de subordinación perpetua al proletariado obrero urbano. Pero si los bolcheviques tenían motivos para sospechar de las intenciones de los campesinos, su paranoia y su agresividad fueron sin duda desproporcionadas. Sabiendo lo mucho que habían trabajado para llegar al poder y conscientes de que alguien más podría emplear sus métodos para hacer lo mismo, los bolcheviques sabían que tenían que ser aún más despiadados que el carcelero más despiadado del régimen zarista. El Terror Rojo no perdonó a nadie, como pronto veremos.

Capítulo 6: El Terror Rojo

Nuevas políticas

La reforma agraria

Con el alboroto de la Revolución de Octubre aún latente, Lenin redactó su Decreto sobre la Tierra, que supervisaba la completa abolición de la propiedad privada de la tierra[65]. El Decreto era una medida audaz, un intento de resolver un problema que aquejaba al régimen zarista y al Provisional: ninguno de los dos podía resolver la cuestión de la tierra. Cabe decir que los bolcheviques (apoyados inicialmente por un número significativo de socialrevolucionarios) se centraron inicialmente en la redistribución de las tierras que hasta entonces habían sido propiedad de la Iglesia y la nobleza. La difícil cuestión de cómo los campesinos harían las paces con el hecho de que no eran propietarios de la tierra (y, según el Decreto sobre la Tierra, no podían comprarla ni venderla), se dejó de lado. Lo mismo ocurrió con la cuestión aún más desagradable de cómo compensarían los campesinos al Estado por permitirles vivir y cultivar la tierra que se les había redistribuido.

Desde el principio, los bolcheviques consideraron temporal el Decreto sobre la Tierra. Lenin creía que el estado del campesinado ruso era tal que aún no había entrado en su fase capitalista, con el objetivo último de trascender el capitalismo y alcanzar el colectivismo. En otras palabras, los bolcheviques predijeron que su reforma conduciría al

---

[65] CHANNON, John. The Bolsheviks and the peasantry: The land question during the first eight months of Soviet rule. *The Slavonic and East European Review*, 1988, 66.4: 593-624.

establecimiento del capitalismo en el campo, con el correspondiente ascenso de la clase campesina media (autosubsistente) y rica, los *kulaks*. Los problemas inherentes al capitalismo obligarían entonces a los campesinos a impulsar su propia revolución proletaria. El Decreto sobre la Tierra fue, pues, un compromiso entre bolcheviques y campesinos, pero en modo alguno el último movimiento del gobierno central.

La situación era la siguiente. En los años revolucionarios, los habitantes del campo se distanciaron del caos de los centros urbanos. Por ejemplo, los campesinos apenas podían confiar en las fábricas para un suministro constante de herramientas agrícolas. En tiempos turbulentos, la autoconservación se impone al pensamiento colectivo, y los campesinos rusos tenían más razones para el escepticismo, ya que se hablaba de la reforma agraria como algo temporal[66].

Luego estaba el problema del alcohol. Concretamente, el régimen zarista había prohibido la producción de alcohol en 1914, en un intento de frenar este hábito, que amenazaba con minar la preparación para la batalla de los soldados (entre otras cosas)[67]. La producción ilegal de alcohol se disparó, y una parte importante procedía de productos agrícolas que deberían haberse destinado a la alimentación. Y por último, estaba el problema del suministro de alimentos en 1918, unido a la guerra civil y a las revueltas que estallaron en todo el país.

Todo esto se sumó a la tarea casi imposible de llevar grano desde la periferia a los centros industriales de Rusia. El gobierno también tuvo que convencer a los campesinos para que entregaran el grano. Por ejemplo, intentaron establecer un intercambio de productos: los centros industriales enviaban herramientas y los campesinos grano. Puede que fuera una buena idea, pero al final los centros no recibieron suficiente grano y los bolcheviques tuvieron que recurrir a la requisición forzosa de grano. Esto, a su vez, provocó revueltas en todo el país. Cualquiera que no quisiera entregar la cantidad de grano que exigían los bolcheviques (que desde mediados de 1918 se llamaban a sí mismos «comunistas») era un traidor en potencia y un objetivo para el Terror Rojo y su división *nazgûl*, la Cheka. Estas fueron las principales razones del Terror Rojo en el campo[68].

---

[66] Ibíd.

[67] HERLIHY, Patricia. The Russian Vodka Prohibition of 1914 and Its Consequences. *Dual Markets: Comparative Approaches to Regulation*, 2017, 193-206.

[68] MELGUNOFF, Sergei. The Record of the Red Terror. *Current History (1916-1940)*, 1927,

Miembros cruciales de la primera Cheka: de izquierda a derecha, Peters, Unszlicht, Belenky, Dzerzhinsky, Menzhinsky

https://commons.wikimedia.org/w/index.php?curid=3200226

Comunismo de guerra

Este enfoque se utilizó cada vez más a partir de mediados de 1918, cuando ya no se podían ignorar o restar importancia a las inminentes dificultades económicas. El comunismo de guerra fue un intento autoritario de controlar la economía durante el tumultuoso periodo de la guerra civil rusa[69]. Los aspectos más importantes del comunismo de guerra fueron la nacionalización de la industria, la prohibición de las huelgas, el trabajo obligatorio cuando era necesario (es decir, la inauguración del sistema GULAG), la requisición de grano, el racionamiento de alimentos y la prohibición de las empresas privadas.

La reforma agraria presentada anteriormente y la requisición de grano produjeron un círculo vicioso. Se disuadió a los campesinos de producir excedentes de grano, sabiendo que el Estado se los llevaría de todos modos. Pero había que requisar el grano, y no importaba que los campesinos no tuvieran suficiente para comer[70]. La consecuencia más

---

27.2: 198-205.

[69] MALLE, Silvana. *The economic organization of War Communism 1918-1921.* Cambridge University Press, 2002.

[70] Los bolcheviques, por supuesto, se enfrentaban a una guerra en dos frentes. O requisaban el grano a los campesinos y se enfrentaban a la agitación campesina, o dejaban a las ciudades sin

grave del comunismo de guerra es sin duda la hambruna rusa de 1921-1922, en la que murieron millones de personas (probablemente unos cinco millones)[71]. Esta hambruna fue el resultado de numerosos factores, con la sequía y las malas cosechas complementando las catastróficas políticas comunistas. El caos de la guerra civil, los incendios y saqueos y las represalias de rojos y blancos sellaron el destino de millones de rusos, condenados a morir de hambre. La situación era tan mala que la gente recurrió al canibalismo, y no en casos aislados. En su intento de llevar una nueva forma de sociedad al pueblo ruso, los bolcheviques lo degradaron a un estado en el que solo la inhumanidad garantizaba la supervivencia. Además, solo permitieron la ayuda extranjera una vez que la hambruna avanzó tanto que amenazó la estabilidad del país.

Terror rojo

Se puede decir con seguridad que el Terror Rojo en toda regla comenzó con la formación de la Cheka (*Vserossiyskaya chrezvychaynaya komissiya*, abreviado VChK, que luego se convirtió en «Cheka»)[72]. La Ojrana zarista era notoria por sus métodos y el terror sembrado en toda Rusia, y la Cheka llevaría esta notoriedad a otro nivel. Gran cantidad de revolucionarios señalaron la incapacidad de la Ojrana. Lenin, Stalin y sus muchos asociados fueron arrestados en múltiples ocasiones y exiliados. Sin embargo, sus estancias en la cárcel parecían unas vacaciones agradables comparadas con el trato que la Cheka y más tarde la NKVD daban a sus prisioneros/víctimas[73]. Los revolucionarios probablemente creían que lo que Rusia necesitaba no era más libertad, sino incluso menos libertad. Alimentados por la paranoia contrarrevolucionaria y aterrorizados por las omnipresentes fuerzas reaccionarias, los bolcheviques adoptaron conscientemente el ejemplo del Terror jacobino de la Revolución francesa, eliminando a cualquiera que se atreviera a hablar en su contra[74].

---

pan y se arriesgaban a un recrudecimiento de las protestas y las huelgas y a la pérdida de su base de apoyo más sólida: la clase obrera urbana.

[71] WILLIAMS, Christopher. The 1921 Russian famine: Centre and periphery responses. *Revolutionary Russia*, 1993, 6.2: 277-314.

[72] LAUCHLAN, Iain. Guardians of the People's Total Happiness: The Origins and Impact of the Cult of the Cheka. *Politics, Religion & Ideology*, 2013, 14.4: 522-540.

[73] NKVD proviene de *Narodný komissariat vnutrennih del*, que puede traducirse como Comisariado del Pueblo para Asuntos Internos.

[74] Se dice que Trotsky comparó a Lenin con Robespierre.

En los sótanos de la Cheka
https://commons.wikimedia.org/w/index.php?curid=65236538

Escolta de prisioneros
https://commons.wikimedia.org/w/index.php?curid=65236526

Según Martin Latsis, que estaba en la cúpula de la rama ucraniana de la Cheka, la esencia del Terror Rojo consistía en lo siguiente:

> «No estamos librando una guerra contra personas individuales. Estamos exterminando a la burguesía como clase. Durante la investigación, no busquen pruebas de que el acusado actuó de hecho o de palabra contra el poder soviético. Las primeras preguntas que deben hacerse son: ¿A qué clase pertenece? ¿Cuál es su origen? ¿Cuál es su educación o profesión? Y son estas preguntas las que deben determinar el destino del acusado. En esto radica el significado y la esencia del Terror Rojo»[75].

Incluso antes de que la guerra civil rusa cobrara impulso, el *modus operandi* de la Cheka estaba claro: aniquilación total de todo lo que oliera siquiera a contrarrevolución. Vestidos con sus largos abrigos de cuero, los *chekistas* pronto se convertirían en parcas. Tenían ojos y oídos en todas partes, y cualquiera podía ser sospechoso de contrarrevolución, reacción anticomunista, intereses burgueses o de ser un *kulak*[76].

Puede que el Terror Rojo fuera caótico, desordenado e incluso aleatorio, pero había órdenes claras desde arriba que instaban a iniciar el terror. Por ejemplo, el 9 de noviembre de 1918, cuando la Cheka ya llevaba algún tiempo operando, Lenin dijo lo siguiente en un mitin:

> «Lo importante para nosotros es que la Cheka ejerce directamente la dictadura del proletariado, y en ese sentido sus servicios son inestimables. No hay forma de emancipar al pueblo si no es suprimiendo por la fuerza a los explotadores. Eso es lo que hace la Cheka, y ahí radica su servicio al proletariado»[77].

Al permitir que la Cheka sembrara el caos por toda Rusia, Lenin abrió el camino a la proliferación de la criminal clase comunista, sádicos, maquiavélicos y, para ser completamente directos, psicópatas que no permitirían que cosas tan insignificantes como la humanidad básica se

---

[75] LATSIS, Martin, *Red Terror*, no 1, Kazan, 1 November 1918, pág. 2.

[76] «Kulak» significa simplemente «campesino bien situado», alguien con una cantidad significativa de tierra que contrata a gente para trabajar en sus tierras. Los *kulaks* se opusieron a muchas reformas bolcheviques. Fueron reprimidos por el gobierno comunista como una de las clases cuya sola existencia iba en contra de la revolución en opinión de los propagandistas comunistas.

[77] LENIN, V. I. Collected Works. SPEECH AT A RALLY AND CONCERT FOR THE ALL-RUSSIA EXTRAORDINARY COMMISSION STAFF NOVEMBER 7, 1918, disponible en: https://www.marxists.org/archive/lenin/works/cw/pdf/lenin-cw-vol-28.pdf, pág.170.

interpusieran en su carrera bolchevique. Escuchar a Lenin hablar de Martin Latsis, cuya impecable lógica respecto al *modus operandi* de la Cheka fue citada anteriormente, es suficiente para comprender a esta clase de comunistas criminales: «(...) No es necesario llegar a los mismos absurdos extremos que el camarada Latsis, uno de nuestros mejores comunistas, de probada eficacia»[78]. En otras palabras, el camarada Latsis era uno de los mejores comunistas imaginables a pesar de (o, deberíamos decir, exactamente *debido a*) su crueldad.

Un eslogan de los tiempos del Terror Rojo, traducido libremente como: «Viva el Terror Rojo» (abajo) y «Muerte a la burguesía»
https://commons.wikimedia.org/w/index.php?curid=28252839

A veces se dice que el Terror Rojo comenzó tras una serie de intentos de asesinato. Sin embargo, se acerca más a la verdad que los asesinatos fueron consecuencia del creciente terror bolchevique. Por ejemplo, el 11 de agosto, Lenin emitió la ahora famosa «Orden de la horca», que instaba a los jefes de la gobernación de Penza a aterrorizar a la población de sus regiones para asegurar la requisición de grano[79]. Lenin especificó además que al menos 100 personas debían ser ahorcadas debido a los disturbios en Penza y a la falta de voluntad de la población para permitir que su grano fuera requisado por los comunistas.

---

[78] Ibíd. Pág. 389.

[79] Las requisas se aplicaban a menudo con medidas severas. Cuando el fuego de la guerra civil alcanzaba su punto álgido, la readquisición comunista de grano se hacía cada vez más violenta. Sin embargo, los comunistas no fueron los únicos en recurrir a tales acciones.

Cualquiera que fuera la cadena causal del Terror Rojo, hubo numerosos atentados contra la vida de Lenin, aproximadamente desde principios de 1918. El primer gran asesinato (con éxito) fue el de Moisei Uritsky, jefe de la Cheka, asesinado por Leonid Kannegisser el 17 de agosto de 1918[80]. Este fue un claro mensaje a los bolcheviques de que la dictadura del proletariado estaba siendo demasiado. Lenin estuvo a punto de ser asesinado el 30 de agosto de 1918 por una vieja revolucionaria, Fanny Kaplan (que luchó anteriormente contra el régimen zarista)[81]. Cuando era una muchacha de dieciséis años, en 1906, participó en la fabricación de una bomba improvisada para utilizarla contra los funcionarios zaristas; fue detenida y pasó los nueve años siguientes en el sistema penal zarista de Siberia.

Fanny Kaplan fue liberada tras la Revolución de Febrero, pero pronto comprendió que Lenin estaba creando un sistema igualmente autoritario. Uno de los acontecimientos decisivos a este respecto fue la abolición por Lenin de la primera Asamblea Constituyente, que Fanny declaró como su principal motivo de intento de asesinato cuando fue capturada por la Cheka.

Fanny disparó varias veces contra Lenin cuando salía de una fábrica de Moscú, dirigiéndose hacia su coche. Lenin resultó gravemente herido, pero sobrevivió, mientras que Fanny fue ejecutada rápidamente.

Este acontecimiento marcó el inicio oficial del Terror Rojo. Puede que al principio los bolcheviques (y, más concretamente, sus agentes de la Cheka) tuvieran al menos una dosis de reticencia a la hora de reprimir las opiniones disidentes. Después de que Fanny Kaplan intentara asesinar a Lenin, la violencia de los *chekistas* recibió un perdón, una justificación y un motivo oficiales, llevando a los rusos a un nuevo reinado del terror que solo terminaría tres décadas después con la muerte de Stalin

Otro asesinato importante fue el del embajador alemán Wilhelm Mirbach, organizado y ejecutado por los socialistas-revolucionarios de izquierda el 7 de julio de 1918[82]. Mariya Spiridónova, una de las

---

[80] SCHNEER, Jonathan. *The Lockhart Plot: Love, Betrayal, Assassination and Counter-Revolution in Lenin's Russia*. Oxford University Press, USA, 2020.

[81] SMITH, Scott B. Who Shot Lenin? Fania Kaplan, the SR Underground, and the August 1918 Assassination Attempt on Lenin. *Jahrbücher für Geschichte Osteuropas*, 1998, H. 1: 100-119.

[82] ERICH SENN, Alfred; GOLDBERG, Harold J. The Assassination of Count Mirbach. *Canadian Slavonic Papers*, 1979, 21.4: 438-445.

personas más importantes de la SR de Izquierda, asumió la responsabilidad y pronto fue procesada por la Cheka por su abierta oposición al régimen bolchevique (comunista), junto con otras numerosas personas políticamente incómodas[83]. Spiridónova y sus compatriotas creían que los bolcheviques (con los que habían colaborado estrechamente hasta ese momento) se habían desviado del camino y estaban llevando al país al caos. También estaba bien informada del empeoramiento de la situación en los pueblos rusos y sabía que se producían violentas reacomodaciones. Hubo numerosos levantamientos contra los bolcheviques en toda Rusia. Incluso en Petrogrado, la SR de Izquierda inició una revuelta seria (poco después del asesinato de Wilhelm Mirbach) que, por desgracia para ellos, fue demasiado desorganizada y sin rumbo como para derrocar a los bolcheviques[84]. Esta fracasada revuelta de la SR de Izquierda finalizó la eliminación de todos los partidos políticos no bolcheviques.

Relato de Melgunov sobre el Terror Rojo

Sergei Melgunov era un político aliado del Partido Socialista Popular, uno de los partidos que entraron en la recién formada Duma y más tarde en el Gobierno Provisional. El Partido Socialista Popular estaba muy influido por el movimiento Naródnik; en gran medida, estaba libre de la ideología marxista que se apoderó de la mayoría de los demás partidos revolucionarios. Los socialistas populares también eran algo más moderados que los bolcheviques o los eseristas de izquierda, ya que no aprobaban actos de violencia como los asesinatos.

Los socialistas populares perdieron terreno tras la Revolución de Octubre. Melgunov fue detenido en 1919 y obligado a huir de Rusia en 1922. Durante su exilio, Melgunov escribió uno de los libros más importantes sobre el Terror Rojo (de título homónimo), publicado en 1924[85]. La obra de Melgunov se parece a *El archipiélago Gulag* en que es una mezcla de experiencias personales, documentos de archivo y

---

[83] Mariya Spiridónova fue detenida y liberada en numerosas ocasiones por los comunistas y finalmente fue ejecutada en 1941 por orden de Stalin, junto con otros presos políticos. Uno de ellos era Fritz Noether, matemático judío-alemán que emigró a la URSS huyendo de los nazis. Einstein suplicó en vano la liberación de Noether. Al final, Noether fue asesinado por personas como aquellas de las que había huido.

[84] HAFNER, Lutz. The Assassination of Count Mirbach and the "July Uprising" of the Left Socialist Revolutionaries in Moscow, 1918. *The Russian Review*, 1991, 50.3: 324-344.

[85] Disponible gratuitamente en https://ia804502.us.archive.org/28/items/RedTerrorInRussia1918-1923/S.P.Melgunov_Red_Terror_In_Russia_1918-1923_En.pdf

vivencias de otras personas sobre el Terror Rojo. Incluso podríamos decir que Melgunov sobrevivió a la primera edición del Terror Rojo, mientras que Solzhenitsyn pasó por la segunda, posiblemente aún más insensata y violenta. Melgunov lo describe aquí:

> «El terror rojo sostenía una espada de Damocles sobre miles de personas. Hubo casos en los que los presos se negaron a abandonar su celda cuando fueron liberados, temiendo que la citación para la liberación fuera una treta para engatusarlos y sacarlos de la cárcel para una ejecución. Hubo otros casos en los que salieron de la celda convencidos de que iban a ser liberados y los demás presos les aclamaron con los vítores habituales. Pero pocos días después los últimos nombres de los falsamente liberados aparecían en la lista de fusilados. Y hubo muchos más cuyos nombres nunca se publicaron»[86].

Los bolcheviques, ante el terror y los métodos revolucionarios que habían empleado solo unos meses antes, prometieron tomar represalias aún más violentas. Este tipo de pensamiento del Antiguo Testamento, ojo por ojo, es evidente en el boletín oficial de la Cheka, proporcionado por Melgunov:

> «¡Camaradas! Nos abofetean en una [de] nuestras mejillas, y nosotros correspondemos el triple abofeteando toda la cara. Se llevó a cabo una vacunación, es decir, el terror rojo... Esa vacunación se llevó a cabo en todas partes de Rusia, particularmente en Morshansk, donde respondimos al asesinato del camarada Uritski y a las heridas al camarada Lenin»[87].

Había que hacer algo y, al modo típicamente bolchevique, casi cualquier acción era mejor que la inacción, incluso si eso significaba matar a gente inocente. Una lista de ejecuciones consumadas era al menos algo; era un producto de una máquina de picar carne llamada Cheka, una bofetada en la mejilla de la imaginaria contrarrevolución burguesa. Era un sombrío presagio de los días de las purgas de Stalin, donde los planes de ejecución se seguían con cuotas, como se haría para la producción de grano.

En su libro, Melgunov denuncia el uso de rehenes por parte de los bolcheviques, personas de toda condición. Algunos estaban relacionados

---

[86] Ibíd. Pág. 24.
[87] Ibíd. Pág. 25.

con la antigua nobleza rusa, otros eran sospechosos de tendencias burguesas y otros simplemente tenían la mala suerte de encontrarse bajo la sospecha de la Cheka. Estas personas eran mantenidas en cautiverio en condiciones deplorables y ejecutadas cuando el Partido necesitaba vengar a un camarada caído o simplemente proporcionar un espectáculo de poder. Había una institución aún más perniciosa de la toma de rehenes: en 1918, la Cheka ya transfería la culpabilidad de los individuos «culpables» a sus familias, de modo que las esposas, maridos, hijos o padres de los detenidos inicialmente también eran arrestados[88].

Los bolcheviques fueron especialmente crueles con los campesinos. Los campesinos eran intrínsecamente «reaccionarios», y su existencia (junto con su estilo de vida) como clase era un inconveniente, un «mal necesario» pero contradictorio con el verdadero estilo de vida bolchevique. Melgunov nos da un ejemplo en la Rebelión de Tambov de 1920[89]. La Cheka había dado órdenes claras a sus agentes: arrestar a todos los mayores de dieciocho años y ejecutar a todos si continuaban los disturbios. Introducir impuestos severos y, cuando los campesinos no pagaran, confiscar sus tierras y propiedades. Las represalias de Tambov fueron brutales: cinco aldeas fueron incendiadas y 250 campesinos ejecutados.

Melgunov también acompaña su texto con imágenes que dan testimonio del trato extremadamente sádico e inhumano que los bolcheviques daban a los prisioneros. Algunas de estas imágenes muestran los cadáveres de individuos torturados con los genitales mutilados. Para estas espantosas tareas, la Cheka tuvo que recurrir a algunas de las peores personas imaginables. Aunque los bolcheviques decían que se trataba solo de una necesidad transitoria (y quizás incluso lo creyeron brevemente), el aumento de la clase de torturadores, violadores, criminales, sádicos y psicópatas empleados por el gobierno continuó, alcanzando cotas inimaginables durante el reinado de Stalin.

Crímenes antirreligiosos

Los bolcheviques eran agresivamente antirreligiosos. A partir de la Revolución de Octubre, las personas, comunidades e instituciones religiosas fueron sistemáticamente atacadas, especialmente los cristianos ortodoxos, ya que eran los más numerosos en la URSS. Miles de

---

[88] Otro paralelismo con el terror posterior instigado por Stalin, cuando era habitual que familias enteras fueran enviadas a los Gulags tras la detención inicial de un miembro de la familia.
[89] SINGLETON, Seth. The Tambov Revolt (1920-1921). *Slavic Review*, 1966, 25.3: 497-512.

sacerdotes fueron detenidos y ejecutados, incluidos los que ocupaban los cargos religiosos más destacados, como obispos y arzobispos. Los objetos de valor de las iglesias fueron requisados por la fuerza, miles de iglesias fueron demolidas o reutilizadas y se persiguió a civiles religiosos.

Las políticas antirreligiosas se intensificaron con el ascenso del estalinismo a partir de 1928. En 1931, la catedral de Cristo Salvador de Moscú, uno de los mayores edificios cristianos ortodoxos de la época, fue demolida para dejar espacio al Palacio de los Soviets, el cual nunca llegó a construirse[90]. Decenas de miles de sacerdotes fueron enviados de nuevo a los Gulags cuando la paranoia estalinista alcanzó su punto álgido. Con el comienzo de la Segunda Guerra Mundial, las agresivas políticas antirreligiosas pasaron a un segundo plano. Hoy sabemos que incluso el propio Stalin, que una vez estudió para ser sacerdote, recurrió a la religión para encontrar consuelo durante los días más oscuros de la ofensiva alemana de 1941 en la URSS.

---

[90] La catedral de Cristo Salvador de Moscú se reconstruyó finalmente en 2000.

Capítulo 7: La guerra civil y la lucha por el control

Hasta ahora, apenas hemos mencionado los grupos de resistencia armada organizados que intentaron contrarrestar el avance de los bolcheviques. El Imperio ruso no se hizo comunista de la noche a la mañana: La Revolución de Octubre sumió a Rusia en una brutal guerra civil que duró varios años. Los comunistas solo pudieron hacerse con el control de las tierras del Imperio ruso tras años de encarnizados combates, en los que millones de personas encontraron la muerte en los campos de batalla de la guerra civil rusa. En este conflicto participaron muchos grupos militares diferentes, cada uno con sus propios intereses y objetivos[91]. A grandes rasgos, podemos dividirlos en cuatro categorías: Rojos que apoyaban al gobierno bolchevique, Blancos formados principalmente por soldados y oficiales ex imperiales, separatistas (por ejemplo, separatistas polacos, ucranianos y bálticos) e izquierdistas antibolcheviques (por ejemplo, el Ejército Verde y el ejército de Makhno).

Ejército Rojo

El Ejército Rojo, dirigido por los comunistas, fue con diferencia el beligerante más fuerte de la guerra civil rusa. Estaba dirigido por León

---

[91] El panorama era similar al de China en su Era de los Señores de la Guerra concurrente. Tras la disolución de un gran imperio (ruso o chino), sobrevino un periodo de caos y fragmentación, en el que muchos pequeños señores de la guerra se apoderaron de partes del territorio y se hicieron pasar por las principales autoridades de sus regiones.

Trotsky, uno de los colaboradores más cercanos de Lenin. Trotsky también desempeñó un papel decisivo en la formación del Ejército Rojo. Al principio, los bolcheviques recurrieron a los Guardias Rojos, unidades formadas de forma voluntaria y compuestas en gran parte por ex soldados imperiales y trabajadores urbanos.

Inmediatamente después de la Revolución de Octubre, Trotsky tuvo claro que había que crear una fuerza mucho mayor si los bolcheviques querían hacerse con el control total de Rusia. Así pues, los campesinos fueron reclutados en lo que se convirtió en el Ejército Rojo[92]. Trotsky era conocido por su estilo de liderazgo enérgico, autoritario y pragmático. Por ejemplo, Trotsky trajo a numerosos expertos militares, ex zaristas, para ayudar en la formación y el funcionamiento del Ejército Rojo.

Trotsky supervisó la institución de los comisarios políticos, personal en gran medida no militar adscrito a las unidades militares que se aseguraba de que nadie se desviara del camino comunista y supervisaba el trabajo de los oficiales y expertos ex zaristas. Recorriendo Rusia en su tren blindado, Trotsky mantenía la moral entre las tropas, pronunciando encendidos discursos y difundiendo diligentemente las ideas comunistas. El propio Trotsky destacó la importancia de este tren: «Durante los años más duros de la revolución, mi vida personal estuvo inseparablemente ligada a la vida de aquel tren. El tren, por otra parte, estaba inseparablemente ligado a la vida del Ejército Rojo. El tren unía el frente con la base, resolvía problemas urgentes sobre el terreno, educaba, apelaba, abastecía, recompensaba y castigaba»[93].

---

[92] ERICKSON, John. The Origins of the Red Army. In: *Revolutionary Russia*. Harvard University Press, 1968. p. 224-258.
[93] TROTSKY, Leon. My life; Disponible en:
https://www.marxists.org/archive/trotsky/1930/mylife/ch34.htm

León Trotsky pronunciando un discurso desde su tren blindado
https://commons.wikimedia.org/w/index.php?curid=68904732

El naciente Ejército Rojo necesitaba constantemente seguridad y orientación política, y recibió un líder perfectamente equipado para la tarea. El hosco Stalin, por ejemplo, nunca habría sido capaz de hacer el trabajo que Trotsky consiguió hacer. Este recorrió Rusia a toda velocidad, recorriendo más de 100.000 kilómetros en pocos años, motivando a los soldados desde el techo de su tren blindado y haciendo que los regimientos desertores volvieran a la fe bolchevique.

Tras la introducción de la conscripción obligatoria, las filas del Ejército Rojo ascendieron a cerca de un millón a finales de 1918, y su número no dejó de aumentar a partir de entonces. Tal vez no fuera el ejército mejor equipado de la época, pero su número y, sobre todo, su celo revolucionario fueron los que le dieron la victoria en la guerra civil rusa. Los Ejércitos Blancos, por otro lado, carecían de un ideal unificador y estaban unidos principalmente por una animadversión mutua hacia los bolcheviques.

Escarapela (que representa un martillo y un arado) utilizada inicialmente por el Ejército Rojo, sustituida posteriormente por la famosa escarapela de la hoz y el martillo
Por Dmitry Baranovskiy - https://thenounproject.com/DmitryBaranovskiy/collection/hammer-sickle/, CC BY 3.0, https://commons.wikimedia.org/w/index.php?curid=78246993

El movimiento blanco

Los Ejércitos Blancos (los blancos) no eran un grupo coherente y bien organizado, ni mucho menos. Consistían principalmente en antiguos ejércitos zaristas, dirigidos por generales zaristas, que estaban unidos en su odio mutuo hacia los bolcheviques. Los líderes más importantes del movimiento blanco eran Lavr Kornílov (a quien quizá recuerde por las menciones anteriores del asunto Kornílov /intento de golpe de Estado), Antón Denikin, Pyotr Wrangel, Alexander Kolchak y Nikolái Yudénich[94].

---

[94] BORTNEVSKI, Viktor G. White Administration and White Terror (the Denikin Period). *The Russian Review*, 1993, 52.3: 354-366.

Aunque carecían de una ideología unificadora y estaban dispersos por vastas tierras rusas, los Blancos constituían una fuerza considerable, que llegó a contar con más de tres millones de soldados. Las fuerzas aliadas apoyaron a los blancos, ya que estos se opusieron a la paz de Brest-Litovsk y probablemente habrían reiniciado la guerra contra Alemania si hubieran tenido la oportunidad de hacerlo[95]. Sin embargo, aunque los blancos no tenían una ideología unificada, sí tendían a creer en todo tipo de conspiraciones: entre las filas de los blancos corría el rumor de que los judíos eran los culpables de todo el desorden en Rusia: a saber, numerosos bolcheviques eran judíos y tenían todo tipo de objetivos satánicos. Huelga decir que esto avivó aún más el antisemitismo secular en Rusia[96]. También se hablaba de masones y de cómo estaban conectados con los judíos. Es probable que estos rumores corrieran como la pólvora por varias razones: la animadversión histórica hacia los judíos en Rusia, la pura incertidumbre e inexplicabilidad de la situación y el estrecho contacto entre personas alistadas en el ejército[97]. Los rumores también fueron incitados por la propaganda del Ejército Blanco, que pretendía desacreditar a los bolcheviques y denunciarlos como espías extranjeros.

---

[95] HUGHES, Matthew, et al. Allied Intervention in the Russian Civil War. *The Palgrave Concise Historical Atlas of the First World War*, 2005, 98-99.

[96] BUDNITSKII, Oleg. Jews, pogroms, and the White movement: a historiographical critique. *Kritika: Explorations in Russian and Eurasian History*, 2001, 2.4: 1-23.

[97] Los pogromos dirigidos contra los judíos se sucedían con bastante regularidad en el Imperio ruso (y en otros países). Se calcula que los pogromos antijudíos durante la guerra civil rusa se cobraron al menos 50.000 y hasta 250.000 vidas. Estos crímenes se cometieron sobre todo en Ucrania, que tenía una gran población judía. Los nacionalistas ucranianos fueron los que más judíos mataron, ya que estos últimos serían un grupo minoritario económicamente poderoso y numeroso en la futura Ucrania independiente. Pero otras facciones —blancos, verdes, rojos— cometieron atrocidades contra los judíos. Esto debe entenderse en el contexto de la guerra civil rusa, que fue extremadamente atroz para la población civil. Hasta diez millones (quizás incluso más) de civiles de todas las nacionalidades, etnias y razas fueron asesinados durante la guerra.

Insignia del Ejército Blanco (Voluntario)
Por Thespoondragon - Obra propia. File:Bronepoezd ed ros.jpg, File:Бронепоезд На Москву-2.png, File:Volunteer Army infantry company.jpg, File:Denikin_poster.jpg [1], CC0,
https://commons.wikimedia.org/w/index.php?curid=79507613

En el movimiento blanco había voces que pedían la reinstauración de la monarquía. Aunque esto pudo haber atraído a algunos rusos, fue una muy mala jugada del departamento de propaganda blanca (no es que hubiera un único y supremo centro de propaganda blanca)[98]. Su asociación al régimen fracasado de los Provisionales sirvió para producir un efecto similar. Los blancos deben sus éxitos militares y su popularidad principalmente a la brutalidad de los bolcheviques y a las consecuencias de Brest-Litovsk. Sus decisiones políticas solo sirvieron para desacreditar sus logros militares.

Los blancos contaban con importantes fuerzas en el oeste y el sur de la Rusia europea, en las regiones de la actual Ucrania, Bielorrusia, Georgia, Azerbaiyán y Armenia, dirigidas por Denikin y Yudénich. Los blancos también se dispersaron por el extremo oriental de Rusia, donde algunas unidades mantuvieron su posición hasta bien terminada la guerra civil.

Antón Denikin es quizás el general blanco más importante. Dirigió la desafortunada ofensiva blanca sobre Moscú en el verano de 1919[99]. Las

---

[98] Los rojos dominaban la propaganda, ya centralizada y firmemente bajo el control de Lenin desde hacía mucho tiempo.
[99] LEHOVICH, Dimitry V. Denikin's Offensive. *The Russian Review*, 1973, 32.2: 173-186.

fuerzas de Denikin —y, para el caso, las fuerzas blancas más fuertes— estaban situadas en Ucrania, que fue probablemente el escenario más importante de la guerra civil rusa, como pronto veremos. A Denikin se le unieron otros importantes generales blancos, como Kornílov, cuando se dirigieron al norte del Cáucaso. Allí empezaron a formar lo que se denominó Ejército de Voluntarios (y lo mismo ocurrió en toda Rusia).

En 1918, los blancos fueron llevados al límite y se vieron obligados a huir de Rostov a Kuban. Esta retirada se produjo en unas condiciones invernales increíblemente duras y hoy se recuerda como la Marcha del Hielo. Aunque debilitado y muy superado en número por el Ejército Rojo, El Ejército Blanco, dirigido por Denikin, sobrevivió y siguió reclutando nuevos efectivos. Entonces llegó el final de la Primera Guerra Mundial, y las Potencias Centrales se vieron obligadas a retirar sus fuerzas de todas las zonas ocupadas, incluida Ucrania. Esto produjo un «vacío de poder» en esta región, que se llenó con numerosos grupos (para)militares. Al principio, los rojos avanzaron con paso firme, apoyados por los ejércitos verde y negro. Luego, de repente, los verdes retiraron su apoyo, y los rojos se vieron incapaces de repeler los ataques de Denikin.

Denikin entra en Volgogrado y luego en Tsaritsyn
https://commons.wikimedia.org/w/index.php?curid=8086765

En el verano de 1919, los blancos estacionados en el sur de Rusia y en Ucrania habían empujado a los rojos muy al norte. Durante un tiempo, pareció que los blancos podrían tomar Moscú. Sin embargo, sus tropas estaban desbordadas, agotadas y mal equipadas. Además, las fuerzas guerrilleras de otro personaje importante de la saga revolucionaria, Néstor Makhno, asestaron importantes golpes a los blancos y a sus zonas del sur. La mayoría de los soldados blancos empujaban hacia Moscú. En Ucrania, quizá el teatro más importante de la guerra civil rusa, Makhno dirigía su renegado ejército anarquista contra los que más odiaba: monárquicos, contrarrevolucionarios y reaccionarios.

Antes de centrarnos en el movimiento anarquista de masas que surgió en Ucrania durante la guerra civil, haremos un breve repaso de la caída de los blancos tras el fracaso de su ofensiva en Moscú:

El Ejército (Negro) de Néstor Makhno

Recordarás que comenzamos este libro con los primeros intentos revolucionarios y que a menudo mencionamos a los anarquistas rusos. En 1918, los anarquistas, junto con otros grupos políticos de izquierda como los eseristas de izquierda, se encontraron cada vez más enfrentados a los bolcheviques. En la periferia, sin embargo, los anarquistas pusieron en práctica sus planes en forma del Estado anarquista de Néstor Makhno (que en un momento dado se extendió por el actual sur y este de Ucrania). Por un lado, la historia de Makhno es la historia de numerosos líderes de rebeliones en toda Rusia. Por otro, es la historia muy especial de un hombre que tuvo una visión interesante y una vida increíblemente aventurera. Como su historia es muy indicativa de cómo era la vida durante el periodo de guerra civil en Rusia, nos centraremos un poco más en ella.

Nacido en una familia campesina muy pobre en 1888, trabajando en campos y fábricas desde muy joven, Makhno tenía lo que le faltaba a la mayoría de los revolucionarios profesionales: experiencia de trabajo duro y real y simpatía por todos los trabajadores, no solo por la clase obrera urbana[100]. A principios del siglo XX, Makhno había acumulado suficiente experiencia para unirse al creciente movimiento revolucionario de su Ucrania natal. Se unió a la Unión de Campesinos Pobres con sede en su ciudad natal de Juliaipole hacia 1905 (a los dieciséis años), distribuyendo panfletos revolucionarios. Es en la Unión donde aprende más sobre las bases teóricas de la revolución, y desde esta temprana edad Makhno muestra propensión al anarco-comunismo.

---

[100] Como ya se ha mencionado, Lenin nació en una familia de intelectuales (que, a decir verdad, no eran ricos ni mucho menos), y Trotsky nació en una familia acomodada. Ambos recibieron una educación que solo una pequeña proporción de los niños rusos podía esperar recibir. Makhno apenas fue a la escuela.

Néstor Makhno hacia 1909
https://commons.wikimedia.org/w/index.php?curid=33181

Sin embargo, siempre más una persona de acción que de estudio, Makhno comenzó a participar en acciones campesinas (organizadas por la Unión de Campesinos Pobres) dirigidas contra los ricos locales. Grupos de campesinos militantes aterrorizaban a los terratenientes ricos, robándoles sus propiedades. Esto puso a la Unión y a Néstor Makhno bajo la estrecha vigilancia de la policía zarista y le valió su larga condena a prisión en 1909. De hecho, Makhno fue condenado a cadena perpetua en prisión, donde se suponía que debía consumir su vida realizando trabajos forzados. Tras una serie de traslados, acabó en la prisión de Butyrka, que contaba con una gran población de presos políticos. Allí, Néstor Makhno continuó la escolarización iniciada en la Unión de Campesinos Pobres. Por ejemplo, leyó las obras del famoso Peter Kropotkin, guiado principalmente por un compañero de prisión, Piotr Arshinov, otro notable anarquista[101].

---

[101] PETERS, Victor. *Nestor Makhno*. Winnipeg: Echo Books, 1971. Disponible en: https://files.libcom.org/files/Victor_Peters_Makhno.pdf

Makhno era un hombre de acción incluso en prisión, lo que le valió largos periodos de aislamiento. Fue liberado junto con otros muchos presos políticos al comienzo de la Revolución de Febrero. Ahora estaba más decidido que nunca a tomar medidas concretas para incitar a los campesinos a una acción de masas que acabara en la creación de comunas que trabajaran juntas en beneficio mutuo. Tras la Revolución de Febrero, prácticamente no hubo obstáculos que impidieran a los campesinos confiscar las tierras, fábricas y talleres que debían pertenecerles. Especialmente en Juliaipole, lejos de Moscú y Petrogrado, fue posible proceder inmediatamente a una actividad organizativa anarquista concreta. Los bolcheviques pronto intentarían hacer algo parecido, quitando a los ricos para dar a los pobres, y ya conocemos las trampas de esta redistribución de la riqueza. Makhno se encontró con dificultades similares cuando estaba haciendo su paraíso anarco-comunista. En palabras de Victor Peters, uno de los biógrafos de Makhno:

> «Los que se resistían a la requisa de sus propiedades eran golpeados, aterrorizados o fusilados, pero normalmente los propietarios no se resistían. Esto no significaba necesariamente que no fueran golpeados y fusilados, especialmente si los requisadores sospechaban que habían escondido algún objeto de valor o dinero. Aun así, durante el período 1917-1918 se produjeron relativamente pocas ejecuciones»[102].

Como vemos, la realidad de la difusión de la utopía anárquica de Makhno era mucho más sombría de lo que él mismo estaría dispuesto a aceptar. Y rápidamente, su sueño se vio seriamente amenazado. En la primavera de 1918, las fuerzas alemanas, tras el Tratado de Brest-Litovsk, invadieron Ucrania. Los alemanes establecieron rápidamente un régimen títere en Ucrania, dirigido por el *hetman* Skoropadsky[103]. Las acciones anarquistas de Makhno fueron así rápidamente contrarrestadas. Los bienes expropiados se devolvían a sus antiguos propietarios y, en ocasiones, se castigaba a los culpables (por ejemplo, con la flagelación)[104].

Makhno abandonó Ucrania y llegó a Moscú, donde conoció a personajes como Kropotkin y Lenin. Recibió el apoyo de los

---

[102] Ibíd. Pág. 32.
[103] *Hetman* era un título tradicional polaco-lituano, también utilizado por los cosacos ucranianos, una especie de máximo jefe militar.
[104] PETERS, Victor. *Nestor Makhno*. p. 39.

bolcheviques y obtuvo un pasaporte falso con el que regresó a Ucrania para iniciar una insurrección contra los alemanes y los nacionalistas ucranianos. El único tipo de resistencia posible, al menos al principio, era la guerra de guerrillas, y este tipo de guerra era el que mejor se adaptaba al carácter de Makhno, que buscaba la acción.

Makhno consiguió entrar en Ucrania con su pasaporte falsificado en el verano de 1918, donde se unió al grupo guerrillero de un tal Fedir Shchus, que operaba en el bosque de Dubrovka, cerca de la ciudad de Dubrovka. Las autoridades se enteraron de que algo estaba ocurriendo en el bosque de Dubrovka y decidieron cercar al grupo guerrillero y eliminarlo de una vez por todas. Makhno y algunos seguidores salieron del bosque para explorar la zona y se enteraron de que las fuerzas enemigas estaban estacionadas en la plaza del mercado. De vuelta al bosque, Makhno dividió sus fuerzas (unos treinta hombres) en dos unidades, la primera cargó con un ataque de flanco y la segunda cargó contra el enemigo desde el frente. Este audaz ataque consolidó el apodo de Makhno, *batko* (diminutivo ucraniano de «padre»), a pesar de que el grupo tuvo que retirarse debido a un grave contraataque.

Pero Makhno consiguió llegar a su Juliaipole natal justo a tiempo para el armisticio de la Primera Guerra Mundial del 11 de noviembre. En comparación con el de Brest-Litovsk, fue bastante insatisfactorio para alemanes y austriacos, que tuvieron que retirarse de todos los territorios que ocupaban, incluida Ucrania. Así, Makhno fue libre una vez más para construir su utopía anárquica, esta vez luchando contra los débiles nacionalistas ucranianos, los blancos, los rojos y otros grupos militares. Este fue el verdadero comienzo del Ejército Insurgente Ucraniano de Makhno, que empezó a parecerse cada vez más a un ejército organizado que a una banda guerrillera suelta. Pronto, Makhno se alió con el Ejército Rojo, dirigiendo su ataque contra los nacionalistas ucranianos y los blancos. En ocasiones, Makhno comandó fuerzas conjuntas de rojos e insurgentes, por ejemplo en la batalla por Katerynoslav (Dnipro) en diciembre de 1918, cuando la ciudad fue arrebatada a los nacionalistas.

La desafortunada cooperación entre Makhno y los rojos continuó en 1919, no sin contratiempos. Makhno perseguía constantemente sus objetivos, criticando al régimen bolchevique cada vez que le parecía oportuno. Durante unos meses, los aliados mantuvieron un precario equilibrio, pero las críticas dirigidas a Makhno por altos cargos bolcheviques se hicieron cada vez más frecuentes. Algunos oficiales, como Kámenev y Antonov-Ovseenko, incluso visitaron el centro de las acciones políticas y económicas de Makhno, Juliaipole, y regresaron al cuartel general con palabras de elogio para el gran hombre. Sin embargo, a mediados de 1919, la marea había cambiado, y Makhno empezó a ser visto por los rojos más como una amenaza y un proscrito que como un aliado. Esto obligó a Makhno a entablar negociaciones con un compañero forajido y comandante de un Ejército Verde guerrillero, Nikífor Grigóriev, del que pronto hablaremos en detalle. Por ahora, digamos que su reunión no acabó bien, y que los verdes y Makhno separaron sus caminos.

Los lugartenientes de Makhno
https://commons.wikimedia.org/w/index.php?curid=85909068

Sin embargo, la animosidad entre Makhno y los rojos se puso en pausa cuando Antón Denikin marchó hacia Moscú en el verano de 1919. Este fue quizás el apogeo del poder de los blancos. Tras el fracaso de la ofensiva, el movimiento blanco perdió su ventaja y fue gradualmente erradicado de Rusia. Durante este periodo, las animosidades entre los bolcheviques y Makhno se detuvieron. Ambos se centraron en la lucha contra los blancos, que expandían su poder en Ucrania, avanzando hacia Moscú desde el sur de Rusia y el este de Ucrania. (Por ejemplo, tomaron la Juliaipole de Makhno, que cambió de manos con bastante frecuencia durante la guerra civil). Los rojos y Makhno llegaron incluso a otra alianza, el llamado acuerdo de

Starobilsk, firmado en 1920[105]. El acuerdo era puramente pragmático y giraba únicamente en torno a cuestiones militares, dejando la lucha política para otro momento.

Con la erosión de la ofensiva blanca, los rojos se volvieron contra Makhno. Y no había mejor objetivo que Juliaipole, tomada por los rojos en noviembre de 1920, solo para ser reconquistada por Makhno poco después[106]. Esto marcó el inicio de una verdadera rebelión contra los bolcheviques. A partir de entonces, Makhno se movió por los campos y bosques de Ucrania, tratando de infligir el mayor daño posible a las fuerzas rojas. Makhno resultó herido en múltiples ocasiones y escapó a duras penas de las abrumadoras unidades rojas en numerosas ocasiones. En julio de 1921, el sueño anarquista había terminado. Ucrania estaba bajo un firme control bolchevique, y Makhno se vio obligado a exiliarse, estableciéndose finalmente en París con su mujer y su hija tras muchas penurias. Agotado, deprimido, enfermo de tuberculosis y cada vez más entregado al alcohol, Makhno murió en 1934[107].

Los verdes

El título de «Verdes» se aplicó a unidades insurgentes campesinas que operaban por toda Rusia. La más poderosa fue probablemente el Ejército Verde de Nikífor Grigóriev, que era como Makhno, al menos en el sentido militar[108]. También era un gran comandante de guerrillas, pero ideológicamente ambos eran bastante diferentes. En comparación con los bolcheviques e incluso con Makhno, los Ejércitos Verdes no tenían una ideología clara, en términos generales. Los verdes eran principalmente una expresión del descontento de los campesinos con todos los bandos implicados en el conflicto. Prácticamente todos los participantes en la guerra civil rusa cometieron atrocidades y crímenes, no solo los principales beligerantes —los rojos y los blancos—, sino otros, como el ejército de Makhno. Por desgracia, los Ejércitos Verdes cometían a menudo las mismas atrocidades que tanto despreciaban en los Ejércitos Rojos, Blancos y otros.

---

[105] MALET, Michael; The End, October 1920-August 1921. *Nestor Makhno in the Russian Civil War*, 1982, 64-80.

[106] A partir de 2022, Juliaipole vuelve a estar en primera línea, esta vez en la guerra entre Ucrania y Rusia.

[107] Una interesante serie de televisión rusa sobre la vida de Makhno se titula *Nueve vidas de Néstor Makhno*, rodada en 2005.

[108] GILLEY, Christopher. Fighters for Ukrainian independence? Imposture and identity among Ukrainian warlords, 1917-22. *Historical Research*, 2017, 90.247: 172-190.

Nikífor Grigóriev fue el líder de un gran movimiento campesino independiente ucraniano que dio a los rojos algunos grandes dolores de cabeza. Al principio, Grigóriev se puso del lado de los nacionalistas ucranianos y en contra de los blancos. Luego, tras la caída de los nacionalistas, Grigóriev se puso del lado de los bolcheviques, que habían puesto el pie en Ucrania a principios de 1919. Tras ayudarlos a enfrentarse a sus enemigos en Ucrania, principalmente a los nacionalistas restantes y a los intervencionistas aliados, se volvió contra los bolcheviques[109]. A Grigóriev le impresionó la supresión de los rojos en Ucrania por parte de los blancos, y probablemente pensó que era su momento de brillar. En aquella época, el Ejército Rojo aún no era tan poderoso y, durante su primera ofensiva en Ucrania a principios de 1919, se apoyó en gran medida en las tropas de Makhno y Grigóriev, lo que no era una solución porque ambos ejércitos eran desordenados y estaban dirigidos por generales exaltados y muy autónomos.

Grigóriev, como ya hemos mencionado, era especialmente poco fiable. Y, a diferencia de Makhno (que también operaba en el sur de Ucrania), no tenía ideas políticas que lo vincularan a los bolcheviques (y, para el caso, apenas tenía ideas políticas coherentes). En mayo de 1919, Grigóriev había dejado completamente de obedecer las órdenes bolcheviques y buscó el apoyo de Makhno. El propio Makhno se negó a apoyar inmediatamente al Ejército Rojo y prefirió permanecer neutral frente a Grigóriev.

A partir de entonces, los acontecimientos se desencadenaron rápidamente. Grigóriev tomó algunas zonas controladas por el Ejército Rojo y fue rápidamente expulsado por un contraataque rojo. En junio, se vio obligado a recordar a Makhno su anterior oferta de unir fuerzas. Pero Makhno se enteró de que, desde que Grigóriev se había rebelado, la maquinaria de propaganda roja se había extralimitado y criticaba no solo a Grigóriev, sino también a Makhno por asociación. Además, los soldados de Makhno fueron testigos de numerosos crímenes cometidos por las tropas de Grigóriev, especialmente crímenes antisemitas

---

[109] Los aliados de Rusia de la Primera Guerra Mundial apoyaron al movimiento blanco e intentaron luchar contra los bolcheviques. Los franceses, por ejemplo, capturaron Odessa a principios de 1919, y otras ciudades fueron capturadas por los aliados. El Reino Unido tenía fuerzas en el norte de Rusia, Siberia y el Cáucaso. Los japoneses tomaron algunas provincias orientales; los estadounidenses tenían fuerzas en Vladivostok, etc. Entre los Aliados existía el fuerte sentimiento de que había que sofocar al bolchevismo antes de que se les fuera de las manos. Winston Churchill albergaba tales sentimientos, pero, al final, solo pudo lamentar la inacción percibida de los Aliados.

sistémicos, lo que les impulsó a suplicar a Makhno que no se pusiera del lado de Grigóriev.

Sin embargo, los dos generales renegados se encontraron en junio de 1919. Aunque no está del todo claro lo que ocurrió, Grigóriev no salió vivo de esta reunión. Es probable que hubiera una gran reunión en la que los dos líderes mantuvieran discursos. Makhno criticó abiertamente a Grigóriev por la forma en que dirigía a sus tropas. Entonces, grupos de partidarios de Grigóriev y Makhno se enzarzaron en una especie de enfrentamiento mexicano, y Grigóriev fue asesinado[110]. Este escenario describe perfectamente el caótico ambiente de la Ucrania de la guerra civil.

La resolución de la guerra civil rusa

En esta sección, recapitularemos brevemente los acontecimientos y batallas más importantes de la guerra civil rusa:

- **Operaciones en Don y Donbass (principios de 1918):** Los soviéticos empujaron a los blancos al sur del Don, dando lugar a la Marcha del Hielo. En estas operaciones participaron decenas de miles de soldados, la mayoría de ellos luchando por los rojos, un tema recurrente durante toda la guerra.
- **Batalla de Barnaul (mediados de junio de 1918):** Los rojos fueron cercados y expulsados de Barnaul (una ciudad siberiana) por los blancos; en esta batalla participaron unos 4.000 soldados (repartidos a partes iguales entre los dos bandos).
- **Operaciones de Perm (finales de 1918, principios de 1919):** Fue otra operación siberiana en la que participaron 36.000 soldados rojos y 45.000 blancos. El resultado de la batalla fue indeciso, con numerosas bajas en ambos bandos.
- **Ofensiva de Moscú (verano de 1919):** Los blancos, dirigidos por Denikin, tuvieron éxito inicialmente y, en un momento dado, se encontraban a unos cientos de kilómetros de Moscú. Los problemas inherentes al Ejército Blanco (y a todos los ejércitos en la guerra civil) y los constantes ataques de Makhno a espaldas del avance de los blancos llevaron a la ruptura de la ofensiva.
- **Operación Voronezh-Kastornoye (octubre/noviembre de 1919):** Mediante esta operación, el Ejército Rojo alejó a las

---

[110] DARCH, Colin, 2020, Nestor Makhno and Rural Anarchism in Ukraine. *Pluto Press.* Disponible en: https://diasporiana.org.ua/wp-content/uploads/books/26581/file.pdf

fuerzas de Denikin de Moscú, poniendo fin prácticamente a la ofensiva moscovita.
- **Avance del Ejército Rojo en el Cáucaso Norte (enero de 1920):** Los rojos consiguieron empujar a los blancos más al sur, destruyendo finalmente sus principales bastiones en el Cáucaso Norte. Esto precipitó una caótica evacuación de Novorossiysk a principios de la primavera de 1920.Miles de tropas blancas fueron capturadas al no poder evacuar a Crimea.

Capítulo 8: Una «nueva política económica» - Rusia después de la Revolución

Enfrentado a la terrible hambruna de 1921 y 1922, a una inflación galopante y a revueltas cada vez más graves y organizadas (por ejemplo, la rebelión de Tambov de 1920, sofocada en 1922, junto con la rebelión de Kronstadt de marineros rojos, decisiva para el éxito revolucionario de los bolcheviques), Lenin se vio obligado a introducir un nuevo plan económico: la Nueva Política Económica (NEP)[111,112].

Introducida en 1921, la NEP fue una respuesta tardía pero finalmente exitosa a las dificultades de la URSS, poniendo fin a años de comunismo de guerra[113]. Lenin se dio cuenta de que no era el momento adecuado para imponer el marxismo radical. Se reinstauraron el libre mercado y las empresas privadas, prohibidas hasta entonces. (Huelga decir que las grandes industrias y el sector financiero siguieron firmemente en manos de los comunistas). Además, se reintrodujo el concepto de beneficio incluso en las empresas estatales. Y lo que es más

---

[111] WEISSMAN, Benjamin M. *Herbert Hoover and Famine Relief to Soviet Russia, 1921-1923.* Hoover Institution Press, 1974.

[112] POLLACK, Emanuel. *The Kronstadt Rebellion: The First Armed Revolt Against the Soviets.* Philosophical Library, 1959.

[113] RICHMAN, Sheldon L. War Communism to NEP: the road from serfdom. *The Journal of Libertarian Studies*, 1981, 5.1: 89-97.

importante, la NEP supervisó el cese de las requisas forzosas de grano e introdujo en su lugar un «impuesto alimentario».

Un bullicioso mercado, periodo de la NEP
https://commons.wikimedia.org/w/index.php?curid=31424079

El panorama económico de la Rusia revolucionaria era, cuando menos, pésimo. La inflación iba en aumento incluso antes de las revoluciones de febrero y octubre, herencia de la descomposición del antiguo régimen zarista. La guerra civil asestó un golpe definitivo a la economía rusa. Durante este periodo, el dinero dejó literalmente de tener valor. En 1921, mientras la guerra civil hacía estragos, la producción económica total del país se redujo a solo una fracción de lo que había sido pocos años antes. La mortífera espiral inflacionista, impulsada por los vientos de la revolución bolchevique y especialmente por su gran proyecto de comunismo de guerra, prácticamente paralizó la economía del país. Con los precios por las nubes debido a la escasez masiva de todos los bienes esenciales, los bolcheviques recurrieron a imprimir más dinero, consiguiendo rápidamente destruir el rublo.

Hiperinflación

En 1919, la creciente inflación se convirtió en hiperinflación cuando los bolcheviques permitieron al Banco Popular imprimir cantidades ilimitadas de dinero para cubrir los gastos del gobierno[114]. El déficit presupuestario se «cubría» simplemente imprimiendo más dinero.

---

[114] PICKERSGILL, Joyce E. Hyperinflation and Monetary Reform in the Soviet Union, 1921-26. *Journal of Political Economy*, 1968, 76.5: 1037-1048.

Como los bolcheviques se negaron a asumir las deudas externas del gobierno anterior, no pudieron conseguir ningún préstamo extranjero. Además, el comunismo de guerra intentó abolir por completo todas las monedas, ya que los bolcheviques estaban convencidos de que una economía moderna podía funcionar sin dinero. Resulta difícil imaginar la absoluta falta de competencia, unida a un desprecio absoluto por las finanzas y la economía, que compartían la mayoría de los bolcheviques. Esto es lo que Nikolái Krestinski, comisario de Finanzas (la versión bolchevique de un ministro de finanzas), tenía que decir en 1919 cuando la hiperinflación puso el pie en la Rusia soviética:

«Las finanzas no deberían existir en una comunidad socialista y debo, por tanto, disculparme por hablar del tema»[115]. La planificación presupuestaria, y para el caso, las estimaciones adecuadas de gastos presupuestarios, eran prácticamente imposibles, y el Comisariado de Finanzas recurrió a una medida tragicómica, emitir planes presupuestarios *retrospectivos*.

El trueque fue un intento de salvar la economía rusa durante el crescendo de la guerra civil. De hecho, los campesinos ya recurrían al trueque porque las monedas eran inestables y carecían cada vez más de valor. Los bolcheviques empezaron a creer que podían dejar completamente de utilizar el dinero y basar toda su economía en el trueque. Como la mayoría de las cosas relacionadas con el comunismo de guerra, el trueque se planificó de forma centralizada. Lenin se centró en esta cuestión y, para mayo de 1921, abogaba por su importancia y por una aplicación más generalizada en toda la economía soviética[116]. Los bolcheviques canalizaban sobre todo productos industriales hacia las aldeas para obtener grano. Los resultados iniciales se interpretaron como insatisfactorios, ya que los soviets locales a menudo no conseguían un trato justo con los campesinos y constantemente se quedaban cortos en el suministro de grano. De hecho, los bolcheviques solo consiguieron el 4,5% de la cantidad esperada[117].

El experimento del trueque fue rápidamente considerado un fracaso por la mayoría de los bolcheviques, incluido Lenin. Sin embargo, el

---

[115] EFREMOV, Steven M. *The role of inflation in soviet history: Prices, living standards, and political change*. 2012. PhD Thesis. East Tennessee State University.

[116] SOKOLOV, N. G. The Use of Barter During the Transition to NEP. *Soviet Studies in History*, 1984, 23.2: 54-61.

[117] Ibíd. Pág. 59.

trueque despejó el terreno y proporcionó una transición a la Nueva Política Económica, que finalmente sacó a la Unión Soviética de la espiral inflacionista. El fracaso del trueque planificado centralmente impulsó aún más la hiperinflación, estancando la transición a la única solución real, que era la moneda respaldada por oro.

Muchos países de la posguerra se vieron inmersos en la hiperinflación: Alemania (República de Weimar), Hungría, Polonia y Austria se encontraban en una situación muy similar a la de los soviéticos: «(...) todos los países se enfrentaban a las consecuencias de un gasto excesivo en tiempos de guerra, grandes déficits presupuestarios del gobierno, destrucción física, colapso de la producción, pérdida territorial y de población. Debido a los problemas económicos y presupuestarios, los gobiernos de estos países recurrieron a la emisión de cantidades cada vez mayores de papel moneda sin respaldo para financiar sus gastos. Invariablemente, estas políticas provocaron hiperinflación y caos económico»[118].

A partir de 1922, se introdujeron los *chervonets*, una moneda respaldada en oro, en lo que para entonces se había convertido en la gigantesca Unión Soviética[119, 120]. En 1924, a medida que la NEP se desmoronaba, la hiperinflación fue finalmente controlada. El 21 de enero de 1924, Vladimir Ilich Uliánov, apodado Lenin, murió, posiblemente debido a las heridas sufridas en 1918 cuando Fanny Kaplan intentó matarlo[121]. Lenin fue el gobernante supremo *de facto* de la URSS hasta su muerte, presidente vitalicio del Consejo de Comisarios del Pueblo de la Unión Soviética. Esta fue quizás una de las razones por las que la cuestión de la sucesión quedó en gran medida sin resolver. Al final, Lenin fue incinerado y su cuerpo se expuso en la Plaza Roja de Moscú[122].

---

[118] EFREMOV, Steven M. *The role of inflation in soviet history: Prices, living standards, and political change*. 2012. PhD Thesis. East Tennessee State University.

[119] BARNETT, Vincent. As Good as Gold? A Note on the chervonets. *Europe-Asia Studies*, 1994, 46.4: 663-669.

[120] La proclamación formal de la Unión de Repúblicas Socialistas Soviéticas (URSS) tuvo lugar el 28 de diciembre de 1922. A finales de 1922, los bolcheviques habían sofocado definitivamente a todas las fuerzas opositoras en su país, instaurando regímenes comunistas en todos los países que antes formaban parte del Imperio ruso, pero que ahora coqueteaban con la independencia.

[121] Lenin sufrió una serie de derrames cerebrales antes de su muerte y, durante los tres o cuatro años anteriores, estuvo en muy mal estado. Esta podría ser una de las razones por las que Stalin pudo consolidar su poder y prepararse para su gran embestida tras la muerte de Lenin.

[122] Este es un final increíblemente irónico de un hombre que era un ateo devoto. Es probable que

El fin de la NEP y el ascenso del estalinismo

Gracias a las políticas que fomentaban el espíritu emprendedor y la empresa privada, la NEP dio origen a una nueva clase: los llamados «hombres de la NEP»[123]. Se trataba de unos pocos millones de personas que hicieron fortuna gracias a unas políticas económicas más laxas. Artesanos, campesinos, trabajadores urbanos y expertos tuvieron la oportunidad de colocar sus productos en un mercado relativamente libre. La NEP, al igual que el experimento del trueque, era por supuesto anticomunista y se consideraba una concesión transitoria a la gravedad de la situación.

Un ejemplo de lo que mejoró la NEP es que los campesinos podían vender su grano y pagar los impuestos en dinero. Esto suena bastante básico, pero es una mejora increíble en comparación con las requisiciones forzosas de grano. Motivados a producir más grano para poder vender más, los campesinos aumentaron la producción, y esto (al menos durante un tiempo) alejó los temores sobre la próxima gran hambruna[124]. La agricultura soviética, lenta pero segura, superó la producción agrícola de los años prerrevolucionarios. Como había más grano, su precio tendía a bajar. Intermediarios motivados por la NEP compraban grano a los campesinos e intentaban revenderlo a precios más altos.

Los bolcheviques tenían sentimientos encontrados respecto a los hombres de la NEP: por un lado, su existencia se consideraba necesaria, al menos durante un tiempo. Pero había muchos bolcheviques que denunciaban a los hombres de la NEP, totalmente capitalistas y burgueses. Aunque la NEP resolvió los problemas más urgentes de la recién nacida URSS, pospuso la aplicación de ideas leninistas esenciales, como la colectivización. Desde el principio, estaba claro que la NEP no duraría para siempre y que, tarde o temprano, la URSS volvería a políticas marxistas duras. Correspondía a los sucesores de Lenin resolver esta cuestión y garantizar una transición fluida hacia el comunismo real.

---

tanto los deseos de Lenin como los de su familia fueran mucho más humildes y acordes con sus creencias.

[123] BALL, Alan M. *Russia's last capitalists: the Nepmen, 1921-1929*. Univ of California Press, 1990.

[124] Recordemos que ya hablamos de la hambruna rusa de 1921-1922, cuando millones de personas murieron de hambre.

Capítulo 9: El estalinismo: El verdadero legado de la Revolución rusa

Iósif Vissariónovich Dzhugashvili, más tarde conocido como Stalin (literalmente «hombre de acero»), pasó a la vanguardia cuando Lenin sucumbió a una enfermedad[125]. El ascenso de Stalin no fue fortuito. Durante décadas, Stalin había sido un bolchevique capaz, activo e implacable. Pero vayamos más lejos en el tiempo, a la primera infancia de Stalin, ya que es aquí donde podemos encontrar explicaciones (potenciales y parciales) de algunas de las peores cosas que asolaron a la URSS.

El joven Iósif
https://commons.wikimedia.org/w/index.php?curid=96948659

---

[125] A veces escrito como «Ioseb Besarionis».

Iósif Dzhugashvili, nacido el 18 de diciembre de 1878, era el único hijo de su madre, Yekaterina Gueladze y Vissarión Dzhugashvili, ya que todos sus hermanos y hermanas murieron en la infancia. La familia vivía en una ciudad georgiana llamada Gori, en aquella época parte integrante del Imperio ruso. La madre y el padre de Stalin pronto se separaron después de que Vissarión perdiera su trabajo en un taller de zapatero, se entregara al alcohol y empezara a pegar a su mujer y a su hijo. Stalin emprendió entonces un arduo y traumático viaje con su madre, desplazándose por Georgia durante años y cambiando de residencia en numerosas ocasiones[126].

Finalmente, gracias a un amigo de la familia (que era sacerdote), Stalin fue aceptado en una escuela de la Iglesia ortodoxa. Como muchos otros revolucionarios, Stalin destacó en la escuela y acabó siendo aceptado en la Universidad Teológica Ortodoxa de Tiflis (otra ciudad georgiana)[127]. Sin embargo, el interés de Stalin por la religión disminuyó y se interesó por la literatura prohibida. La obra de Chernyshevsky *¿Qué hacer?* (publicado en 1863), que atacaba abiertamente a la monarquía rusa y abordaba con audacia la cuestión de apartar al zar del poder, sirvió de gran inspiración a Stalin, así como a la mayoría de los demás revolucionarios. (Se dice que tanto Nechayev como Lenin tenían en gran estima la obra *¿Qué hacer?*).

Stalin devoró rápidamente la literatura socialista y marxista, estableció contactos con georgianos de ideas afines y fue reconocido como una amenaza por la Ojrana hacia 1900. Stalin prosperaba en el ambiente prerrevolucionario del Imperio ruso, convocando incesantemente a los trabajadores a protestas y huelgas y escribiendo eslóganes y panfletos incendiarios. A partir de entonces, Stalin vivió la vida de un fugitivo, yendo de un escondite a otro y recibiendo el apoyo de compañeros marxistas. Stalin encontró entonces trabajo en una fábrica de Batumi (una importante ciudad portuaria de Georgia), con la esperanza de que este puesto le ayudara a inspirar a los trabajadores a actuar. Sus provocaciones le valieron una pena de prisión y el exilio en 1902. Sin embargo, en 1904, Stalin escapó y regresó del exilio siberiano a Georgia. A partir de entonces, las acciones de Stalin se radicalizaron, y el hombre comenzó a organizar una especie de unidad paramilitar bolchevique,

---

[126] CORBESERO, Susan. History, Myth, and Memory: A Biography of a Stalin Portrait. *Russian History*, 2011, 38.1: 58-84.

[127] Stalin también escribía buena poesía, a menudo con tintes románticos y conmovedores.

que empezó a operar en el caos de la revolución de 1905 en Georgia.

Stalin en 1902, foto tomada por la policía
https://commons.wikimedia.org/w/index.php?curid=211215

Estos escuadrones comandados por Stalin funcionaban como una mafia: su objetivo principal era obtener dinero para el partido, y casi cualquier acción estaba justificada: chantajes, atracos, robos, etc. Una de las acciones más audaces y exitosas de la mafia bolchevique fue el robo del banco de Tiflis en 1907, organizado principalmente por Stalin. Los preparativos para el robo fueron sustanciales: Stalin obtuvo información de hombres de dentro y sabía que el 26 de junio de 1907 llegaría al banco una gran suma de dinero[128].

La banda estaba bien organizada, provista de armas y bombas, y disfrazada con ropas de campesinos. Estaban por todas partes alrededor del banco, también al acecho desde una taberna cercana. Dada la señal, los atracadores arrollaron rápidamente a los guardias que rodeaban el carruaje que llevaba el dinero al banco. Tenían su propio carruaje, un

---

[128] READ, Christopher. *Stalin: From the Caucasus to the Kremlin.* Taylor & Francis, 2016.

rápido faetón, utilizado para transportar el dinero robado a su cuartel general. El jinete de este faetón, un tal Kamo, iba disfrazado de militar y evitó por los pelos a los soldados que, a pocas manzanas de distancia, querían registrarlo.

Este es solo un ejemplo del tipo de crímenes cometidos por la banda de Stalin. El grupo se trasladó rápidamente a Bakú, donde continuó con los robos, los secuestros (normalmente de hijos de gente rica) y el chantaje. Estas acciones le valieron una nueva condena a prisión, esta vez en Bakú (1908), y posteriormente el exilio a la provincia de Vólogda (1909). La incapacidad del sistema penitenciario zarista volvió a ponerse de manifiesto cuando Stalin escapó de nuevo del exilio y se trasladó a Petrogrado, para ser rápidamente recapturado y devuelto a Vologda en 1910. En 1911, volvió a escapar y fue enviado por tercera vez a Vólogda. En 1912, Stalin se convirtió en miembro del Comité Central, debido a su falta de escrúpulos y a su habilidad para conseguir dinero para el partido. Ese mismo año se convirtió en editor de *Pravda* (literalmente «justicia»), el importantísimo periódico dirigido por los bolcheviques.

Otra foto de Stalin. Esta contiene información personal
https://commons.wikimedia.org/w/index.php?curid=1844719

Tras algunas detenciones y fugas más, Stalin viajó al extranjero para visitar a Lenin a finales de 1912 y principios de 1913. Allí, con la orientación de Lenin, Stalin comenzó a escribir uno de sus ensayos más importantes, *El marxismo y la cuestión nacional*[129]. Se trata de un texto riguroso y árido que pretende responder a cuestiones esenciales relativas a qué es una nación y, lo que es más importante, al papel de la nacionalidad en el marxismo. En él, Stalin enumera todas las características que definen a una nación: una lengua común, un territorio común y un carácter psicológico común. Y concluye:

«Una nación es una comunidad de personas históricamente constituida y estable, formada sobre la base de una lengua, un territorio, una vida económica y una constitución psicológica comunes que se manifiestan en una cultura común»[130].

Stalin, que pronto utilizaría toda la URSS como su campo de juego, trasladando por la fuerza a grupos étnicos enteros —millones de personas— de un extremo a otro de su imperio, argumenta en este artículo a favor, no en contra, del derecho de autodeterminación. Dice:«"(...) los marxistas no pueden prescindir del derecho de las naciones a la autodeterminación»[131]. Sin embargo, lo que impregna todo el artículo no es un arrullo al derecho de autodeterminación, sino un desmantelamiento del concepto de nacionalidad. En opinión de Stalin, y en términos generales dentro del marxismo-leninismo, una nación es una creación artificial, unida por pura necesidad. Además, la nacionalidad en sí misma es un concepto inestable, ya que no existe una única característica definitoria de una nación. Stalin concluye el artículo con una cita estalinista algo más típica: «No hay término medio: los principios triunfan, no "transigen"»[132]. Junto con su desaprobación general del nacionalismo, esta cita anuncia implícitamente los futuros experimentos sociales a gran escala de Stalin: la destrucción de naciones enteras mediante traslados forzosos, todo ello en nombre de la unificación bajo la bandera del comunismo.

Este artículo demuestra que Stalin era un astuto observador del mundo y un buen trabajador intelectual, afín a Lenin[133]. *El marxismo y la cuestión nacional* cimentó la reputación de Stalin entre los círculos

---

[129] Disponible en: https://archive.org/details/marxismnationalquestion/page/n7/mode/2up
[130] STALIN, Joseph. *Marxism and the National Question Internet* Archive; pág. 16.
[131] Ibíd. Pág. 100.
[132] Ibíd. Pág. 108.
[133] El acérrimo enemigo de Stalin, Trotsky, cuestionó la autoría de este artículo por parte de Stalin.

superiores de los bolcheviques.

De regreso de Cracovia, donde se había reunido con Lenin, Stalin fue detenido de nuevo en febrero de 1913. Esta vez, Stalin fue enviado a miles de kilómetros al este, a Siberia, a Turujansk. Como era habitual en él a lo largo de sus numerosos exilios, Stalin pasó el tiempo buscando nuevos intereses románticos. El exilio de Turujansk fue el más largo, ya que la huida era prácticamente imposible, y es donde Stalin pasó los primeros años de la Primera Guerra Mundial. Stalin estuvo a punto de alistarse en el Ejército Imperial Ruso en 1916, pero finalmente fue rechazado por tener el brazo izquierdo deformado y disfuncional (debido a una lesión infantil). Tras unos meses más de inactividad en el exilio llegó la Revolución de Febrero, y Stalin regresó triunfante a Petrogrado y reanudó su trabajo como editor del *Pravda*.

Instrumental en el transcurso de la posterior Revolución bolchevique, Stalin vio mucha acción. Como editor de *Pravda*, fue testigo directo (y tuvo que escapar) de la represión de los Provisionales y de sus redadas en los centros de propaganda bolchevique. También tuvo un papel importante en garantizar la seguridad de Lenin y que no fuera arrestado por los Provisionales. Más tarde, en plena guerra civil, Stalin se convirtió en comandante militar[134].

Hacia la dictadura: El ascenso de Stalin

Hemos visto cómo Stalin se abría paso lentamente hacia la cima: convirtiéndose en una figura prominente del movimiento revolucionario georgiano, organizando formaciones paramilitares y consiguiendo dinero para los bolcheviques. Stalin se convirtió en un ayudante indispensable de Lenin.

El deterioro de la salud de Lenin en los últimos años de su vida, a partir de 1921, limitó sus movimientos y lo hizo depender de personas como Stalin. Precisamente Stalin fue el más rápido en comprender lo que había que hacer: una gran ofensiva política, disfrazado del ayudante más cercano de Lenin. En 1922, Stalin se convirtió en secretario general (nombrado por Lenin) del Partido Comunista, cargo que mantendría

---

[134] Stalin era un «general» despiadado (como la mayoría de los demás comandantes militares bolcheviques, Stalin tenía escasa formación o conocimientos militares) e incluso fue reprendido por sus camaradas por su propensión a las duras medidas punitivas y la temeridad. Stalin tenía poca consideración por sus tropas, y a menudo sus órdenes provocaban la muerte innecesaria de un buen número de hombres. No es de extrañar que una vez que Stalin se convirtió en el zar rojo, y la Segunda Guerra Mundial hizo estragos en toda Europa, empleara sus métodos a una escala sin precedentes.

hasta su muerte en 1953[135]. Quizás Lenin esperaba tener a alguien en quien confiar como secretario general, alguien severo y capaz, mientras se recuperaba. Aunque gravemente enfermo, incluso a finales de 1922, podía predecir correctamente el futuro: es decir, la ruptura entre Stalin y Trotsky, así como los peligros que se escondían tras el nombramiento de Stalin como secretario general del Partido Comunista:

> «Creo que, desde este punto de vista, los factores primordiales en la cuestión de la estabilidad son miembros del C.C. (Comité Central) como Stalin y Trotsky. Creo que las relaciones entre ellos constituyen la mayor parte del peligro de una escisión, que podría evitarse, y este propósito, en mi opinión, se conseguiría, entre otras cosas, aumentando el número de miembros del C.C. a 50 o 100.
>
> »El camarada Stalin, convertido en secretario general, tiene concentrada en sus manos una autoridad ilimitada, y no estoy seguro de que sea siempre capaz de utilizar esa autoridad con suficiente cautela. El camarada Trotsky, por otra parte, como ya ha demostrado su lucha contra el C.C. en la cuestión del Comisariado Popular de Comunicaciones, se distingue no solo por una capacidad sobresaliente. Personalmente es quizá el hombre más capaz del actual C.C., pero ha dado muestras de una excesiva seguridad en sí mismo y ha mostrado una excesiva preocupación por el aspecto puramente administrativo del trabajo»[136].

---

[135] BROWN, Archie. The Power of the General Secretary of the CPSU. *Authority, power and policy in the USSR: Essays Dedicated to Leonard Schapiro*, 1983, 135-157.

[136] LENIN, Vladimir Ilich Ulyanov. Letters to the Congress. Disponible en: https://www.marxists.org/archive/lenin/works/1922/dec/testamnt/congress.htm

Lenin y Stalin en 1922
https://commons.wikimedia.org/w/index.php?curid=6903456

La evaluación de Lenin de Stalin como «tosco», «caprichoso» e «intolerante» era correcta. A principios de enero de 1923, Lenin aconsejó a sus camaradas que destituyeran a Stalin de la cúpula del Partido Comunista. Sin embargo, una vez en el poder, Stalin sabía cómo mantenerse en él, nombrando a sus partidarios más serviles para puestos importantes. Además, sabía cuándo golpear: no intentaba tomar todo el poder por la fuerza; estaba dispuesto a esperar años.

Su mayor oponente, por supuesto, era Trotsky, quien, según Lenin, era un político algo más hábil. Trotsky, por supuesto, personificaba la victoria bolchevique en la guerra civil y era un hombre del Ejército Rojo hasta la médula. Trotsky también ocupó un importante cargo como comisario del Pueblo para Asuntos Militares y Navales de la Unión Soviética. Quizás sabiendo que tenía esencialmente todo el poderío militar soviético bajo su mando, Trotsky rechazó la oferta de Lenin de convertirse en Presidente del Consejo de Comisarios del Pueblo en 1922, que había sido el cargo de Lenin desde 1917. Para mucha gente, esto era una señal de que Lenin designaba a Trotsky como su «sucesor». La negativa fue un gran error, ya que la influencia de Trotsky en la política de la URSS disminuyó constantemente a partir de entonces, especialmente tras la muerte de Lenin.

Mientras tanto, Stalin se puso del lado de Kámenev y Zinóviev, obteniendo su apoyo en su lucha contra Trotsky, al menos durante un tiempo[137, 138]. Trotsky, tratando de mantener una apariencia de libertad de expresión dentro del Partido Comunista, denunció la creciente burocratización encabezada por Stalin, lo que consolidó aún más la posición de Trotsky como *persona non grata*. Trotsky empeoró aún más las cosas para sí mismo porque se opuso a la NEP, encabezando la Oposición de Izquierda, que quería un retorno a las verdaderas políticas económicas bolcheviques.

En 1925, Trotsky perdió su puesto como jefe del Ejército Rojo, y gran cantidad de camaradas lo denunciaron como antibolchevique y burgués. Estas denuncias fueron a veces tan feroces y emotivas que dejaron víctimas humanas. Por ejemplo, Félix Dzerzhinsky, el jefe de la infame Cheka, murió de un ataque al corazón en 1926, horas después de pronunciar un encendido discurso contra Trotsky.

Stalin estaba decidido a expulsar a todos los que cuestionaran su autoridad y a cancelar su afiliación al Partido Comunista. Esto es exactamente lo que le ocurrió a Trotsky, que siguió discrepando. Tras ser exiliado a Kazajstán y luego deportado a Turquía en 1929, Trotsky se dio cuenta de que su sueño de la revolución permanente había terminado definitiva y decididamente, al igual que cualquier atisbo de

---

[137] Grigori Zinóviev fue presidente de la Internacional Comunista y presidente del Soviet de Petrogrado, mientras que Lev Kámenev fue vicepresidente del Consejo de Comisarios del Pueblo y director del Instituto Lenin. La capacidad de aliarse con bolcheviques importantes (aunque la mayoría de ellos no compartieran sus puntos de vista) fue clave para su ascenso al poder. Stalin sabía cómo aplacar a la gente y convencerla de que lo apoyara. Además, y quizás aún más importante, Stalin siempre tuvo a la policía secreta soviética (la Cheka y luego la NKVD) firmemente bajo su mando.

[138] O'CONNOR, Timothy Edward. *Stalin and Trotsky 1926-1928*. PhD Thesis. Graduate School. P. 24.

libertad de expresión en la Unión Soviética.

Las políticas de Stalin
Planificación quinquenal y vuelta al comunismo radical

El apoyo de Stalin a la NEP fue calculado: sabía que si expresaba su desacuerdo con las políticas de Lenin demasiado pronto, podría haber sido perjudicial para su reputación. Así que trabajó para establecer una sólida base de poder. En 1928, con la mayoría de los oponentes políticos (como Trotsky) marginados o deportados, Stalin puso fin a la NEP, volviendo a algo mucho más parecido al comunismo de guerra.

Esto es lo que el Sr. Knickerbocker, que visitó personalmente la URSS durante el «primer Plan Quinquenal», tenía que decir al respecto:

«Algunos de los objetivos específicos son duplicar la producción de energía, petróleo, carbón y acero; triplicar la producción de metales; cuadruplicar la producción de maquinaria, todo ello en el curso de cinco años; en resumen, al menos duplicar la producción total de toda la industria y colectivizar todas las granjas»[139].

Cartel de propaganda del primer Plan Quinquenal; muestra muy bien cómo los comunistas estaban ansiosos por cambiar incluso la lógica imbatible de la aritmética
https://commons.wikimedia.org/w/index.php?curid=54951920

---

[139] KNICKERBOCKER, H. R. The Soviet Five-Year Plan. *International Affairs (Royal Institute of International Affairs 1931-1939)*, 1931, 10.4: 433-459. P. 434.

El péndulo se precipitaba ahora hacia el otro extremo, totalmente opuesto a la NEP. La URSS volvía a la planificación centralizada de la economía, sin libre comercio, sin empresas, sin empresarios: solo gigantescos centros industriales estatales y agricultura colectivizada. La NEP fue una gran concesión a los campesinos, que durante un breve periodo de tiempo pudieron trabajar sus tierras en paz. El primer Plan Quinquenal puso fin a esta situación, ya que los campesinos, una vez más, solo podían mirar cómo les arrebataban sus tierras, sus productos y sus animales. Y así, la policía secreta soviética se dedicó de nuevo a requisar grano por la fuerza.

El primer Plan Quinquenal fue un intento de ponerse rápidamente a la altura de las principales potencias mundiales, como Estados Unidos, Francia y el Reino Unido. La URSS recorrería en pocos años una senda de desarrollo que, siendo realistas, solo podría completarse en décadas. Unos dirigentes excesivamente optimistas y autoritarios querían, por ejemplo, transformar Nizhni Nóvgorod en un coloso de la producción automovilística, planeando producir más de 100.000 automóviles al año. Según el Sr. Knickerbocker, en aquella época la URSS ni siquiera tenía 100.000 automóviles en uso[140].

Sin embargo, es fácil subestimar el poder generado por el primer Plan Quinquenal. Incluso un observador tan escéptico como el Sr. Knickerbocker tuvo que reconocer:

> «Cifras como estas suenan fantásticas. En Moscú es fácil descartarlas como estadísticas soviéticas o sueños soviéticos. En Azbest eran fáciles de creer. Pasar un día recorriendo las minas casi obliga a convencerse: 13.000 hombres trabajando en turnos de siete horas las veinticuatro horas del día extraen 10.000 toneladas de roca al día. Abismos como cañones del oeste estadounidense se hunden en la tierra, y en sus profundidades palas de vapor excavan bocados montañosos»[141].

Pero hubo millones de muertos debido a este primer Plan Quinquenal (y posteriores planes quinquenales). La consecuencia más espantosa fue, sin duda, el Holodomor. En 1932 y 1933, las consecuencias de la industrialización forzosa y la colectivización, unidas a un año de malas cosechas, no pudieron ocultarse: hasta cinco millones

---

[140] Resulta irónico y totalmente antibolchevique que uno de los principales inversores en esta planta fuera Henry Ford.
[141] KNICKERBOCKER, H. R. The Soviet Five-Year Plan. P. 439.

de personas murieron de hambre en Ucrania. Millones más murieron en toda la URSS.

Purgas

Los juicios amañados, las acusaciones sin pruebas y las ejecuciones de enemigos políticos ya llevaban algún tiempo en marcha cuando Stalin decidió intensificar el juego. El juicio de Shajty es un ejemplo. En 1928, un grupo de ingenieros fueron acusados de perjudicar al Estado gracias a sus imprudentes acciones. Anteriormente, había habido al menos cierta lógica a la hora de sentenciar a enemigos políticos inmediatos, como los socialistas-revolucionarios de izquierda. Pero apenas había lógica en condenar y ejecutar a docenas de ingenieros que trabajaban en la periferia de la URSS (y, para el caso, probablemente trabajaban duro para hacer realidad el grandioso primer Plan Quinquenal).

Es posible que los acusados no fueran bolcheviques devotos o que no estuvieran de acuerdo con el gobierno sobre cómo debía materializarse el gran Plan Quinquenal. Pero lo más seguro es que no fueran contrarrevolucionarios que de alguna manera pretendieran sabotear al gobierno. No obstante, los ingenieros fueron ejecutados —personas como Peter Palchinsky y Nicholas von Meck, expertos ingenieros que contribuyeron al desarrollo de la minería y los ferrocarriles en la URSS[142].

A partir de entonces, los juicios espectáculo se multiplicaron. En 1930, los intelectuales volvieron a estar en el punto de mira del gobierno. Algunos fueron ejecutados, mientras que otros fueron enviados al Gulag. Entre los encarcelados se encontraba Leonid Ramzin, un destacado ingeniero térmico soviético. En un increíble giro del destino, típico de las purgas estalinistas, Leonid Ramzin fue liberado del Gulag y se le permitió seguir trabajando en sus inventos, mientras que Nicholas Krylenko, el principal fiscal del caso, fue fusilado en 1938 como parte de la Gran Purga.

Las purgas estalinistas se hicieron rápidamente más generalizadas, más violentas e incluso más caóticas. Cualquiera podía ser objeto de ellas: altos funcionarios soviéticos, científicos, intelectuales, trabajadores

---

[142] El infame Artículo 58 del Código Penal soviético se utilizó de forma prominente en este juicio espectáculo. «Mejorado» y «refinado» a lo largo de los años, el Artículo 58 llegó a ser tan vago, abstracto y general que podía aplicarse prácticamente a cualquier actividad (supuestamente se utilizó para detener la actividad contrarrevolucionaria). Millones de personas normales y corrientes fueron enviadas al Gulag como «presos políticos» gracias al Artículo 58.

y campesinos. A medida que la paranoia estalinista crecía, necesitaba más y más víctimas, y no importaba quiénes fueran las víctimas. Los que no eran ejecutados eran enviados a los Gulags, donde pasaban años en circunstancias horribles, carentes incluso de las necesidades básicas, como comida y abrigo. Los Gulags más conocidos eran los situados en el extremo norte de Rusia, donde los prisioneros morían literalmente congelados o a causa de la desnutrición y las enfermedades. De hecho, los Gulags se utilizaban para castigar a la gente por su (supuesta) desobediencia[143].

La Gran Purga, que comenzó aproximadamente en 1936, fue testigo del pleno desarrollo de la paranoia estalinista. Los viejos revolucionarios fueron ejecutados: en su mayoría, gente como Zinóviev, Kámenev y bolcheviques menos importantes como Karl Radek y Yuri Piatakov. Parece que el régimen estaba muy centrado en obtener confesiones, y por cualquier medio posible. La tortura, la privación crónica del sueño y las promesas de que se perdonaría la vida a los miembros de la familia eran solo algunos de los medios para forzar una confesión.

Pero los altos funcionarios fueron solo una pequeña proporción de las personas que murieron durante la Gran Purga. Es probable que cientos de miles de personas fueran ejecutadas en los dos años de la Gran Purga, y cientos de miles fueron enviadas a los Gulags. Millones más perecerían en nuevas purgas, que solo terminarían con la muerte de Stalin en 1953.

---

[143] Las purgas masivas también proporcionaron mano de obra gratuita, indispensable para la precaria economía soviética. Millones de personas pasaron sus vidas trabajando en el enorme sistema del Gulag, construido bajo la atenta mirada de Stalin. Los prisioneros del Gulag, por ejemplo, excavaron el Belomorkanal entre 1931 y 1933. Este colosal proyecto conectaba Petrogrado (entonces Leningrado) y el mar Blanco. Posiblemente más de 100.000 personas trabajaron en este canal, todos del sistema Gulag, y probablemente decenas de miles de personas murieron durante su construcción.

Masacre de Vinnitsa perpetrada por el NKVD en 1937-1938
https://commons.wikimedia.org/w/index.php?curid=3119574

Una mina Gulag en Kolimá, en el extremo oriental de Rusia, en el círculo polar ártico
El autor original fue Oxonhutch en Wikipedia en inglés. - Transferido de en.wikipedia a Commons, CC BY 2.5, https://commons.wikimedia.org/w/index.php?curid=2121204

Trabajos forzados en Kolimá
https://commons.wikimedia.org/w/index.php?curid=1302801

Capítulo 10: Figuras clave de la Revolución rusa

Hasta ahora hemos hablado de diversas personas importantes para la revolución de un modo u otro. Muchas otras personalidades importantes merecen ser mencionadas, y en esta sección, nos centraremos brevemente en estos individuos:

- Rasputín
- Lev Kámenev
- Grigori Zinóviev
- Yákov Sverdlov
- Aleksandra Kolontái

Grigori Rasputín

Rasputín es una de esas personas que prosperan gracias a la ignorancia, el miedo y el sufrimiento de los demás. Nació en 1869 en la región de Tobolsk (Siberia), pero las primeras etapas de su vida están rodeadas de misterio. En 1897 comenzó a viajar por Rusia como peregrino, visitando algunos de los numerosos lugares santos del país.

En la década de 1900, Rasputín ya tenía su famoso aspecto, ademanes y carisma. Era muy apreciado por las comunidades que creían que Rasputín era un hombre muy sabio y podía ayudar a la gente a mejorar su vida.

La aristocracia rusa de la época estaba muy interesada en lo esotérico y espiritual, y ya utilizaba los servicios de místicos y curanderos como Nizier Anthelme Philippe y Gérard Encausse. Rasputín encajaba perfectamente en este ambiente y se estaba haciendo popular entre la aristocracia. En 1905 conoció a Nicolás II Romanov y Alexandra. Su único hijo, Alekséi Nikoláyevich, padecía hemofilia, y la familia confiaba cada vez más en Rasputín para tratar la enfermedad de su hijo. Muy rápidamente, y especialmente en los periodos en los que la condición de Alekséi parecía empeorar, Rasputín se convirtió en el amigo y sanador más cercano de la familia real. Alexandra y sus confidentes estaban convencidos de que Rasputín tenía poderes sobrenaturales que le permitían curar a la gente[144].

Rasputín con la familia real en 1908
https://commons.wikimedia.org/w/index.php?curid=10863452

---

[144] A menudo se contactaba con Rasputín cuando el estado de Alekséi empeoraba, y parecía que siempre que Rasputín rezaba o realizaba rituales curativos, Alekséi mejoraba. A veces, incluso los médicos profesionales no podían explicar por qué Alekséi mejoraba. Rasputín era escéptico respecto a la medicina moderna y pudo haber aconsejado a la familia que no le diera ningún tipo de medicamento a Alekséi, incluida la aspirina, un anticoagulante. (Sin embargo, esto no se sabía en la época.) Esto puede haber ayudado a mejorar la salud de Alekséi.

Sin embargo, Rasputín no tardó en ganarse numerosos enemigos en los círculos más altos de la sociedad rusa. Fue acusado de herejía por los funcionarios eclesiásticos y despreciado por la Duma debido a su supuesta influencia en la familia real. Mucha gente deseaba la muerte de Rasputín. Además, las denuncias sobre el comportamiento sexual indecente de Rasputín eran cada vez más frecuentes. En 1914, una ex seguidora, Khioniya Guseva, intentó matar a Rasputín, hiriéndolo gravemente con un cuchillo.

En 1916, hubo otro intento de asesinato, esta vez con éxito. Miembros de la nobleza, encabezados por el gran duque Dmitri Pavlovich y el príncipe Félix Yusúpov, conspiraron para matar a Rasputín, ya que lo consideraban una gran amenaza para el Estado ruso. Atrayéndolo a lo que parecía una fiesta, primero intentaron envenenarlo haciéndole comer pasteles y beber vino con cianuro. Rasputín no pareció sentirse afectado, por lo que los conspiradores decidieron fusilarlo. Yusúpov disparó a Rasputín en el pecho y este cayó como muerto. Yusúpov salió de la habitación y volvió a entrar, solo para ser atacado por un Rasputín muy vivo. Rasputín recibió varios disparos más y finalmente fue arrojado al río Malaya Nevka.

Lev Kámenev y Grigori Zinóviev

Hemos mencionado a Kámenev y Zinóviev, pero no en detalle. El verdadero nombre de Kámenev era Lev Borísovich Rosenfeld, y nació en el seno de una familia acomodada que pudo costear su educación desde muy joven. El padre de Kámenev tenía ascendencia judía, pero era, como muchos judíos del Imperio ruso, un converso al cristianismo ortodoxo. El hecho de que Kámenev, como muchos otros bolcheviques (por ejemplo, Trotsky, nacido como Lev Bronstein; Grigori Zinóviev, nacido como Ovsei-Gershon Aronovich Radomyslsky; Yákov Sverdlov, y muchos otros) fuera judío alimentó la paranoia contrarrevolucionaria y alimentó la propaganda blanca, que veía en el bolchevismo otro artero complot judío para dominar el mundo.

Grigori Zinóviev también nació en una familia judía acomodada en 1883 en la periferia del Imperio ruso. Educado en casa, Zinóviev mostró rápidamente dotes intelectuales y comenzó a leer filosofía, incluidas obras sobre el marxismo. Se unió a las filas bolcheviques y se convirtió en uno de los colaboradores más importantes de Lenin.

Al conocer las ideas revolucionarias en su núcleo familiar, el joven Kámenev se convirtió rápidamente en un devoto revolucionario. Era el tipo de bolchevique más intelectual y mucho más moderado en comparación con otros muchos bolcheviques. Lo mismo ocurría con Zinóviev. Desde muy pronto, Kámenev abogó por una relación más conciliadora entre los bolcheviques y los provisionales. Cuando los bolcheviques votaron a favor o en contra de organizar una revuelta armada contra los Provisionales, Kámenev y Zinóviev fueron los únicos que votaron en contra.

Continuaron expresando su indignación con la militarización en detrimento de la democracia, dimitiendo de sus cargos en el Comité Central. Sin embargo, pronto regresaron, convirtiéndose Kámenev en una especie de adjunto a Lenin antes de la muerte de este. A partir de entonces, Kámenev y Zinóviev vacilaron entre el apoyo a Stalin y su oposición, sin decantarse nunca por ninguno de los dos. Kámenev y Zinóviev se aliaron con Stalin para derrocar a Trotski. Era una alianza muy improbable, sobre todo teniendo en cuenta la anterior condición de bolcheviques moderados de Kámenev y Zinóviev. Kámenev, además, tenía una conexión familiar con Trotsky, que se casó con la hermana de Kámenev, Olga[145].

Solo podemos especular sobre el destino de la URSS si Zinóviev y Kámenev se hubieran puesto del lado de Trotsky. Es probable que subestimaran la capacidad y ambición de Stalin, ayudándole a conservar su posición crucial como jefe del Partido Comunista. Quizá temían más al obviamente ambicioso y seguro de sí mismo Trotsky, que no perdonaba a nadie y rara vez dudaba en decir lo que consideraba la verdad. Una vez iniciadas las animosidades, la situación se agravó aún más cuando Trotsky publicó sus memorias de la Revolución de Octubre, en las que describía las reticencias de Kámenev y Zinóviev durante los días de agitación.

Después de esto, la infame *troika* de Kámenev, Zinóviev y Stalin dañó seriamente la posición de Trotsky en el Partido Comunista y lo apartó de sus funciones esenciales en el Ejército Rojo en 1925. Creemos que este fue el punto de inflexión para la URSS. Hasta ese momento, Stalin era bastante moderado o, mejor dicho, cauto. Una vez que Trotsky fue eliminado del panorama, la *troika* se derrumbó, al carecer de un enemigo común. Cuando Kámenev y Zinóviev intentaron

---

[145] ANFERTIEV, Ivan A. LD Trotsky, GE Zinoviev, and LB Kamenev: the Failed Successors to VI Lenin. *RSUH/RGGU Bulletin: "Literary Theory. Linguistics. Cultural Studies" Series*, 2018, 5: 37-48.

derrocar a Stalin, ya era demasiado tarde: el «hombre de acero» recibió el apoyo de otros bolcheviques importantes, como Nikolái Bujarin y Alekséi Rýkov. Una vez más, fueron destituidos de sus cargos y expulsados del Partido Comunista, junto a Trotsky. Aunque Trotsky nunca dejó de criticar a Stalin, Bujarin y Zinóviev dieron marcha atrás y fueron readmitidos en la burocracia comunista, aunque esta vez ocuparon puestos mucho más bajos.

Este fue quizás el periodo más lamentable de las vidas de Kámenev y Zinóviev: incapaces de decir lo que pensaban, tuvieron que disculparse por su comportamiento anterior y seguir en silencio la línea estalinista. Pero esto no fue suficiente para Stalin. Al comenzar la Gran Purga, Kámenev y Zinóviev fueron acusados de organizar un grupo contrarrevolucionario y ejecutados en 1936. Sus familias también fueron perseguidas, enviadas a los Gulags y algunos de sus miembros ejecutados[146].

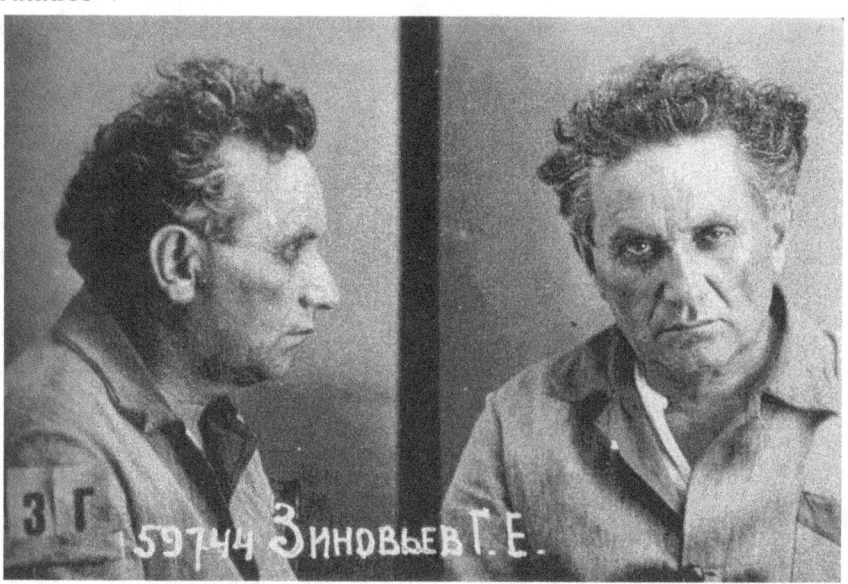

Foto de Zinóviev en la NKVD, tomada poco antes de su ejecución
https://commons.wikimedia.org/w/index.php?curid=19314591

---

[146] HUTLEY, F. C. The Moscow Trials. *The Australian Quarterly*, 1937, 9.2: 77-86.

Lev Kámenev en la década de 1920
https://commons.wikimedia.org/w/index.php?curid=122357294

Yákov Sverdlov

Yákov Sverdlov es otro típico intelectual bolchevique, nacido en una familia judía de clase media en 1885. El padre de Sverdlov era un revolucionario activo que ayudaba a falsificar documentos oficiales. Al crecer en este tipo de ambiente, Sverdlov se convirtió rápidamente en un revolucionario y, tras terminar el gimnasio como excelente estudiante, se involucró en las acciones de los nacientes bolcheviques.

Tras pasar mucho tiempo en prisiones imperiales y en el exilio, Sverdlov regresó a la capital cuando la Revolución de Febrero empezó a desmoronarse. Gran parte de su exilio lo pasó junto a Stalin, y ambos no eran precisamente los mejores amigos. El comportamiento intelectual y los intereses de Sverdlov no encajaban bien con el más tosco Stalin. Incluso hay noticias de que a Sverdlov le disgustaba la higiene de Stalin: este, por ejemplo, no quería fregar los platos, sino que prefería dejar que su perro los lamiera[147].

---

[147] GESEEN, Keith. How Stalin Became Stalinist. *The New Yorker*. 2017; https://www.newyorker.com/magazine/2017/11/06/how-stalin-became-stalinist

Sverdlov era conocido como el organizador del partido e incluso recibió elogios como tal nada menos que de Stalin[148]. Lenin probablemente pretendía que Sverdlov fuera el primer secretario general del Partido Comunista. Por desgracia para Sverdlov, no sobrevivió a la gran pandemia de gripe española, sucumbiendo a esta enfermedad en 1919.

Yákov Sverdlov hacia 1919
https://commons.wikimedia.org/w/index.php?curid=69276823

Aleksandra Kolontái

Aleksandra (nacida Aleksandra Mijáilovna Kolontái) fue una importante bolchevique nacida en 1872 en el seno de una acaudalada familia ucraniana. Destacó académicamente, aprendió varios idiomas (francés, inglés, alemán y finés, además de su ruso natal) y recibió la mejor educación posible. Se interesó por las ideas socialistas del ambiente de la época, ayudando inicialmente en la biblioteca local y difundiendo la alfabetización entre los trabajadores.

---

[148] STALIN, J.V. Y.M. Sverdlov. Disponible en:
https://www.marxists.org/reference/archive/stalin/works/1924/11/x01.htm

A su regreso de Suiza, donde estudió economía, Aleksandra se convirtió en una marxista devota y se afilió al Partido Laborista Socialdemócrata Ruso, que acabó uniéndose a los mencheviques tras la escisión de estos de los bolcheviques en 1906. Viajó por Europa, donde conoció a compañeros marxistas y activistas por los derechos de la mujer.

De regreso a Rusia en 1917, se alineó con Lenin. Jugó un papel decisivo en la creación de *Zhenotdel*, un departamento femenino del Partido Comunista. Tras siglos de rígida atmósfera patriarcal en Rusia, Aleksandra intentó mejorar la condición de las mujeres, que a menudo eran las que más sufrían bajo el peso del régimen imperial y, más tarde, bajo el comunista.

Debido a su constante oposición a algunas de las políticas propuestas por Lenin, sobre todo su NEP, Aleksandra fue rápidamente marginada y casi expulsada del partido. Al darse cuenta de que no había lugar para ella en la URSS, Aleksandra exigió ser nombrada embajadora, petición que Stalin no tardó en conceder. A partir de entonces, Aleksandra viajó por todo el mundo, de Noruega a México, de nuevo a Noruega y finalmente a Suecia. Regresó a Moscú poco antes de su muerte en 1952.

Aleksandra Kolontái hacia 1900
https://commons.wikimedia.org/w/index.php?curid=88240669

Conclusión

Es muy fácil (y de hecho la mayoría de la gente se siente obligada a ello) aborrecer la enorme cantidad de violencia generada por la revolución comunista en Rusia. Los comunistas cometieron numerosos crímenes, ejecutaron a millones de inocentes e hicieron la vida miserable a muchos millones más.

En lugar de traer una era de libertad y prosperidad tras siglos de autocracia zarista, los comunistas no hicieron sino estrechar el cerco, haciendo sufrir enormemente a todos los pueblos de la URSS. Sin embargo, el mundo en el que vivimos hoy está muy marcado por la URSS, incluido su periodo más oscuro de estalinismo. Simplemente no sabemos cómo sería el mundo si no hubiera sido por este gigante comunista, este gigantesco país que de alguna manera consiguió soportarlo todo, y no solo soportarlo, sino impulsar a la humanidad hacia nuevas fases de desarrollo. En primer lugar, no debemos olvidar que la URSS fue decisiva para derrotar al que podría decirse que fue un régimen nazi aún peor. No debemos olvidar que los soviéticos desarrollaron su primera bomba nuclear en 1949 (aunque probablemente con la ayuda de espías soviéticos dentro del Proyecto Manhattan). En 1961, probaron el arma más potente conocida por la humanidad: la «bomba del Zar», una bomba termonuclear avanzada.

En 1961 se produjo otro avance importante. En concreto, Yuri Gagarin llegó al espacio exterior en el *Vostok* 1. Los soviéticos eran una fuerza a tener en cuenta, y proporcionaban al menos algún tipo de equilibrio a un mundo cada vez más dominado por Estados Unidos. El precario equilibrio geopolítico de la época de la Guerra Fría era al menos una especie de equilibrio y, a pesar de todas las crisis, hoy estamos vivos para hablar de ello.

¿Qué habría pasado si los blancos se hubieran impuesto? ¿Serían capaces de detener la marea nazi? Los nazis necesitaban vastas tierras y recursos soviéticos para alimentar sus grandiosos e inhumanos planes. Por lo que sabemos, solo los soviéticos, con su estricta y despiadada disciplina, pudieron detener a los nazis. (Debilitados por su ofensiva hacia el este, los nazis pronto perdieron su posición en Francia e Italia). De haber prevalecido los blancos, el resultado podría haber sido similar al de la Primera Guerra Mundial o, peor aún, una derrota total.

También hay que destacar que la URSS fue el primer Estado comunista del mundo. Todos los demás países comunistas, como China, fueron decididamente inspirados (y a menudo ayudados) por la URSS. Y aunque la URSS dejó de existir, China está asumiendo lentamente el papel de la URSS como país que proporciona una fuerza de contrapeso a Occidente.

Avanzando rápidamente hasta 1989 y la caída del Muro de Berlín, llegamos al final del sueño soviético. Aunque ayudó a extender el comunismo por todo el mundo (por ejemplo, Rumanía, Bulgaria, China, Vietnam, Corea del Norte, Congo, Etiopía, Sudáfrica, Chile, Perú, Argentina, Brasil, etc.), la URSS dejó de existir y se derrumbó literalmente por su propio peso en lo que algunos consideran la «mayor tragedia geopolítica del siglo XX». Pero su huella seguirá impregnando la política mundial y el equilibrio geopolítico en los años venideros, dejándonos meras conjeturas y suposiciones poco firmes sobre lo que habría ocurrido si la URSS nunca hubiera llegado a existir.

Vea más libros escritos por Enthralling History

Bibliografía

PERRIE, Maureen; LIEVEN, Dominic CB; SUNY, Ronald Grigor (ed.). *The Cambridge History of Russia: Volume 1, From Early Rus' to 1689*. Cambridge University Press, 2006.

KORPELA, Jukka. *Prince, Saint, and Apostle: Prince Vladimir Svjatoslavič of Kiev, His Posthumous Life, and the Religious Legitimization of the Russian Great Power*. Otto Harrassowitz Verlag, 2001.

NESTOR, *Laurentian Text*. p. 112. Disponible en: https://www.mgh-bibliothek.de/dokumente/a/a011458.pdf

DE MADARIAGA, Isabel. *Ivan the Terrible*. Yale University Press, 2006.

ANISIMOV, Evgeniĭ Viktorovich. *The reforms of Peter the Great: progress through coercion in Russia*. ME Sharpe, 1993.

DE MADARIAGA, Isabel. *Catherine the Great*. Macmillan Education UK, 1990.

KIIANSKAIA, O. I. Decembrists in Russian History and Historiography: Polemical Notes. *Rossiia i sovremennyi mir*, 2017, 2: 95.

O'MEARA, Patrick. *The Decembrist Pavel Pestel: Russia's First Republican*. Springer, 2016.

TROYAN, N. The Philosophical Opinions of the Petrashevsky Circle. *Philosophy and Phenomenological Research*, 1946, 6.3: 363-380.

KARAKASIS, Georgios, et al. The Catechism of Destruction: Sergei Nechaev and the spirit of Nihilism. *ICOANA CREDINTEI. International Journal of Interdisciplinary Scientific Research*, 2018, 4.08: 103-114.

BAKUNIN, Mikhail Aleksandrovich. *God and the State*. Courier Corporation, 1970.

NICHOLAS, I. (2014). ALEXANDER II OF RUSSIA (1818-1881). *Famous Assassinations in World History: An Encyclopedia [2 volumes]*, 12.

POMPER, Philip. *Lenin's brother: the origins of the October Revolution.* WW Norton & Company, 2010.

FERRO, Marc. *Nicholas II: Last of the Tsars.* Oxford University Press on Demand, 1995.

KING, Greg. *The Last Empress: The Life and Times of Alexandra Feodorovna, Tsarina of Russia.* Birch Lane Press, 1994.

KOWNER, Rotem. Nicholas II and the Japanese body: Images and decision-making on the eve of the Russo-Japanese War. *The Psychohistory Review*, 1998, 26.3: 211.

LOWE, Charles. *Alexander III of Russia.* London: W. Heinemann, 1895.

KING, Greg; ASHTON, Janet. 'A Programme for the Reign': Press, Propaganda and Public Opinion at Russia's Last Coronation. *Electronic British Library Journal*, 2012, 1-27.

KOTSONIS, Yanni. The problem of the individual in the Stolypin reforms. *Kritika: Explorations in Russian and Eurasian History*, 2011, 12.1: 25-52.

WILSON, Sandra. *The Russo-Japanese War and Japan: politics, nationalism and historical memory.* Palgrave Macmillan UK, 1999.

KOWNER, Rotem (ed.). *The impact of the Russo-Japanese war.* London: Routledge, 2007.

ANISIN, Alexei. The Russian Bloody Sunday Massacre of 1905: a discursive account of nonviolent transformation. *Politics, Groups, and Identities*, 2014, 2.4: 643-660.

HARIHARAN, Krishnan. Eisenstein and the Potemkin Revolution. *Social Scientist*, 1979, 54-61.

DULEBOHN, Jeanne Louise. *The Bulygin Duma, February-September, 1905: A Study in the History of the Russian Revolution.* University of Minnesota, 1949.

MCKEAN, Robert B. The Constitutional Monarchy in Russia, 1906-17. In: *Regime and Society in Twentieth-Century Russia: Selected Papers from the Fifth World Congress of Central and East European Studies, Warsaw, 1995.* Palgrave Macmillan UK, 1999. p. 44-67.

HASEGAWA, Tsuyoshi. Lenin: A Biography. *Journal of Interdisciplinary History*, 2003, 33.3: 482-484.

YEDLIN, Tova. *Maxim Gorky: A political biography.* Greenwood Publishing Group, 1999. Disponible en: http://www.arvindguptatoys.com/arvindgupta/rus-gorky-biography.pdf

CARR, E. H.; CARR, E. H. Bolsheviks and Mensheviks. *The Bolshevik Revolution 1917-1923: Volume One*, 1950, 26-44.

PHILLIPS, Steve. *Lenin and the Russian Revolution*. Heinemann, 2000. P. 27.

BECHERELLI, Alberto; BIAGINI, Antenllo; MOTTA, Giovanna. Remembering Gavrilo Princip. *The First World War: Analysis and Interpretation*, 2015, 1: 17-33.

MELANCON, Michael. Rethinking Russia's February Revolution: anonymous spontaneity or socialist agency? *The Carl Beck Papers in Russian and East European Studies*, 2000, 1408: 48.; p. 6.

SCHAPIRO, Leonard. The Political Thought of the First Provisional Government. In: *Revolutionary Russia*. Harvard University Press, 1968. p. 97-113.

HASEGAWA, T. (1977). The Bolsheviks and the formation of the Petrograd soviet in the February Revolution. *Soviet Studies*, 29(1), 86-107.

LENIN, Vladimir. *Lenin Collected Works*, Progress Publishers, 1964, Moscow, Volume 24

LENIN, Vladimir. *The Development of Capitalism in Russia*, Marxist Archivepp. 37-38.

MARX, Karl, *Das Kapital*, II, 303.

LENIN, Vladimir, *Materialism and Empirio-criticism*. Marxist Archive.

RABINOWITCH, Alexander. *Prelude to revolution: The Petrograd Bolsheviks and the July 1917 uprising*. Indiana University Press, 1991.

ASCHER, Abraham. The Kornilov Affair. *Russian Review*, 1953, 12.4: 235-252.

CARR, Edward Hallett. *The Bolshevik Revolution, 1917-1923*. WW Norton & Company, 1985.

CHANNON, John. The Bolsheviks and the peasantry: The land question during the first eight months of Soviet rule. *The Slavonic and East European Review*, 1988, 66.4: 593-624.

HERLIHY, Patricia. The Russian Vodka Prohibition of 1914 and Its Consequences. *Dual Markets: Comparative Approaches to Regulation*, 2017, 193-206.

MELGUNOFF, Sergei. The Record of the Red Terror. *Current History (1916-1940)*, 1927, 27.2: 198-205.

MALLE, Silvana. *The economic organization of War Communism 1918-1921*. Cambridge University Press, 2002.

WILLIAMS, Christopher. The 1921 Russian famine: Centre and periphery responses. *Revolutionary Russia*, 1993, 6.2: 277-314.

LAUCHLAN, Iain. Guardians of the People's Total Happiness: The Origins and Impact of the Cult of the Cheka. *Politics, Religion & Ideology*, 2013, 14.4: 522-540.

MARTIN, Latsis, *Red Terror*, no 1, Kazan, 1 November 1918, p. 2.

LENIN, V. I. Collected Works. SPEECH AT A RALLY AND CONCERT FOR THE ALL-RUSSIA EXTRAORDINARY COMMISSION STAFF NOVEMBER 7, 1918. Disponible en:
https://www.marxists.org/archive/lenin/works/cw/pdf/lenin-cw-vol-28.pdf

SCHNEER, Jonathan. *The Lockhart Plot: Love, Betrayal, Assassination and Counter-Revolution in Lenin's Russia*. Oxford University Press, USA, 2020.

SMITH, Scott B. Who Shot Lenin? Fania Kaplan, the SR Underground, and the August 1918 Assassination Attempt on Lenin. *Jahrbücher für Geschichte Osteuropas*, 1998, H. 1: 100-119.

ERICH SENN, Alfred; GOLDBERG, Harold J. The Assassination of Count Mirbach. *Canadian Slavonic Papers*, 1979, 21.4: 438-445.

HAFNER, Lutz. The Assassination of Count Mirbach and the "July Uprising" of the Left Socialist Revolutionaries in Moscow, 1918. *The Russian Review*, 1991, 50.3: 324-344.

SINGLETON, Seth. The Tambov Revolt (1920-1921). *Slavic Review*, 1966, 25.3: 497-512.

ERICKSON, John. The Origins of the Red Army. In: *Revolutionary Russia*. Harvard University Press, 1968. p. 224-258.

TROTSKY, Leon. My life. Disponible en:
https://www.marxists.org/archive/trotsky/1930/mylife/ch34.htm

BORTNEVSKI, Viktor G. White Administration and White Terror (the Denikin Period). *The Russian Review*, 1993, 52.3: 354-366.

HUGHES, Matthew, et al. Allied Intervention in the Russian Civil War. *The Palgrave Concise Historical Atlas of the First World War*, 2005, 98-99.

BUDNITSKII, Oleg. Jews, pogroms, and the White movement: a historiographical critique. *Kritika: Explorations in Russian and Eurasian History*, 2001, 2.4: 1-23.

LEHOVICH, Dimitry V. Denikin's Offensive. *The Russian Review*, 1973, 32.2: 173-186.

PETERS, Victor. *Nestor Makhno*. Winnipeg: Echo Books, 1971. Disponible en: https://files.libcom.org/files/Victor_Peters_Makhno.pdf

MALET, Michael; The End, October 1920–August 1921. *Nestor Makhno in the Russian Civil War*, 1982, 64-80.

GILLEY, Christopher. Fighters for Ukrainian independence? Imposture and identity among Ukrainian warlords, 1917-22. *Historical Research*, 2017,

90.247: 172-190.

DARCH, Colin, 2020, Nestor Makhno and Rural Anarchism in Ukraine. *Pluto Press*. Disponible en: https://diasporiana.org.ua/wp-content/uploads/books/26581/file.pdf

WEISSMAN, Benjamin M. *Herbert Hoover and Famine Relief to Soviet Russia, 1921-1923*. Hoover Institution Press, 1974.

POLLACK, Emanuel. *The Kronstadt Rebellion: The First Armed Revolt Against the Soviets*. Philosophical Library, 1959.

RICHMAN, Sheldon L. War Communism to NEP: the road from serfdom. *The Journal of Libertarian Studies*, 1981, 5.1: 89-97.

PICKERSGILL, Joyce E. Hyperinflation and Monetary Reform in the Soviet Union, 1921-26. *Journal of Political Economy*, 1968, 76.5: 1037-1048.

EFREMOV, Steven M. *The role of inflation in soviet history: Prices, living standards, and political change*. 2012. PhD Thesis. East Tennessee State University.

SOKOLOV, N. G. The Use of Barter During the Transition to NEP. *Soviet Studies in History*, 1984, 23.2: 54-61.

EFREMOV, Steven M. *The role of inflation in soviet history: Prices, living standards, and political change*. 2012. PhD Thesis. East Tennessee State University.

BARNETT, Vincent. As Good as Gold? A Note on the chervonets. *Europe-Asia Studies*, 1994, 46.4: 663-669.

BALL, Alan M. *Russia's last capitalists: the Nepmen, 1921-1929*. Univ of California Press, 1990.

CORBESERO, Susan. History, Myth, and Memory: A Biography of a Stalin Portrait. *Russian History*, 2011, 38.1: 58-84.

READ, Christopher. *Stalin: From the Caucasus to the Kremlin*. Taylor & Francis, 2016.

STALIN, Joseph. *Marxism and the National Question*. Internet Archive; p. 16.

BROWN, Archie. The Power of the General Secretary of the CPSU. *Authority, power and policy in the USSR: Essays Dedicated to Leonard Schapiro*, 1983, 135-157.

LENIN, Vladimir Ilich Ulyanov. Letters to the Congress. Disponible en: https://www.marxists.org/archive/lenin/works/1922/dec/testamnt/congress.htm

O'CONNOR, Timothy Edward. *Stalin and Trotsky 1926-1928*. PhD Thesis. Graduate School. P. 24.

KNICKERBOCKER, H. R. The Soviet Five-Year Plan. *International Affairs (Royal Institute of International Affairs 1931-1939)*, 1931, 10.4: 433-459. P. 434.

ANFERTIEV, Ivan A. LD Trotsky, GE Zinoviev, and LB Kamenev: the Failed Successors to VI Lenin. *RSUH/RGGU Bulletin: "Literary Theory. Linguistics. Cultural Studies," Series*, 2018, 5: 37-48.

HUTLEY, F. C. The Moscow Trials. *The Australian Quarterly*, 1937, 9.2: 77-86.

GESEEN, Keith. How Stalin Became Stalinist. *The New Yorker.* 2017. https://www.newyorker.com/magazine/2017/11/06/how-stalin-became-stalinist

STALIN, J.V. Y.M. Sverdlov. Disponible en: https://www.marxists.org/reference/archive/stalin/works/1924/11/x01.htm

www.ingramcontent.com/pod-product-compliance
Lightning Source LLC
LaVergne TN
LVHW020429070526
838199LV00004B/334